I0103377

1903

ASSISES

SCIENTIFIQUES, LITTÉRAIRES & ARTISTIQUES

Fondées par Arcisse de CAUMONT

3ᵉ SESSION — CAEN — 4-6 JUIN 1903

RAPPORT

SUR

L'état moral des populations de Normandie

PAR

A. DOUARCHE

Premier Président de la Cour d'appel de Caen

CAEN

Imprimerie Charles VALIN

7 ET 9, RUE AU CANU, 7 ET 9

1903

L²k
4934

ASSISES

SCIENTIFIQUES, LITTÉRAIRES & ARTISTIQUES

Fondées par Arcisse de CAUMONT

3ᵉ SESSION — CAEN — 4-6 JUIN 1903

1903

RAPPORT

SUR

L'état moral des populations de Normandie

PAR

A. DOUARCHE

Premier Président de la Cour d'appel de Caen

CAEN

Imprimerie Charles VALIN

7 ET 9, RUE AU CANU, 7 ET 9

—

1903

I K 2
4934

Le comité d'organisation a laissé une indépendance absolue aux auteurs ; les idées qu'ils ont exprimées dans leurs rapports leur sont absolument personnelles.

RAPPORT

sur

L'état moral des populations de Normandie

État moral des populations normandes avant la Révolution. —
Leur état moral actuel. — Criminalité. - Mendicité et vagabondage. — La dépopulation et ses causes. — La famille, le
divorce, les enfants naturels et la recherche de la paternité —
Les progrès de l'alcoolisme et les remèdes proposés.

PAR A. DOUARCHE
Premier Président de la Cour d'appel de Caen

MESSIEURS,

Dresser le bilan moral de la Normandie est une œuvre des
plus difficiles ; et je ne puis me flatter d'y réussir, même en y
appliquant toute mon intelligence et mes efforts les plus persé-
vérants. Je veux le tenter cependant, pour répondre au vœu du
fondateur des *Assises de Caumont*, dont le testament a prescrit,
pour chaque session des *Assises*, la rédaction d'un rapport sur
l'état moral des populations de la région.

J'ai été heureusement précédé dans cette voie, il y a déjà plus
de vingt ans, par un écrivain de grand mérite, H. Baudrillart,
de l'Institut, qui a résumé dans un livre du plus haut intérêt
l'enquête qu'il avait faite sur la Normandie, au nom de l'Académie des Sciences morales et politiques (1). » Je l'ai pris souvent

(1) *La Normandie (Passé et présent)*, Paris, Hachette, 1880.

pour guide, et j'espère bien qu'à cet égard du moins votre approbation ne me fera pas défaut.

Comme lui, j'ai fait une enquête dans les cinq départements formés par l'ancienne province de Normandie ; et ce sont les résultats de cette enquête que je vous apporte aujourd'hui, en les faisant suivre de quelques observations personnelles.

J'ai consulté de préférence les instituteurs, les médecins, les maires, les juges de paix et les présidents des tribunaux civils, qui sont en contact immédiat avec les populations, bien placés pour les observer et les apprécier sans passion comme sans flatterie.

Les instituteurs, avec un zèle que je ne saurais trop louer, m'ont adressé, par l'intermédiaire des inspecteurs de l'Université et de M. le recteur Zévort, une ample moisson de renseignements. Il en a été de même des juges de paix et des présidents des tribunaux civils, non seulement dans le ressort de la Cour d'appel de Caen, mais aussi dans le ressort de la Cour d'appel de Rouen, grâce à la bienveillante courtoisie de mon collègue M. le Premier Président Berchon.

Les communications faites par les médecins et les maires ont été plus rares ; mais celles qui me sont parvenues n'en ont que plus de prix.

Enfin les bureaux des préfectures et des diverses administrations m'ont fourni des informations précises et des tableaux de statistique, que j'ai mis en œuvre au cours de mon rapport (1).

J'adresse à tous mes collaborateurs connus et inconnus de publics remerciements.

Cette enquête, si elle n'a pas d'autre mérite, aura du moins celui de faire connaître des faits d'une exactitude bien établie, puisqu'ils sont attestés d'un côté par les instituteurs, et de l'autre par les juges de paix.

Elle sera, en outre, la plus sûre garantie, que si je trace un portrait parfois trop peu flatté de la Normandie, au sujet des ravages de l'alcoolisme par exemple, ce n'est pas par esprit de dénigrement. Les traits de l'image plus ou moins imparfaite que je vous offre ont été empruntés à des enfants du sol normand,

(1) Tous ces documents sont déposés aux archives de l'Académie nationale des sciences, arts et belles-lettres de Caen.

qui voudraient voir leur race aussi saine, aussi forte dans l'avenir qu'elle l'a été dans le passé, qui aiment ardemment leur petite patrie, comme je l'aime moi-même, quoique je ne sois pour elle qu'un fils adoptif.

D'ailleurs les nations, comme les individus, doivent s'habituer au langage de la vérité, même s'il comporte une légère amertume dans la forme, *Amara salutifera.* La vérité n'est-elle pas le chemin nécessaire qu'il faut suivre pour arriver au bien?

I

ÉTAT MORAL DES POPULATIONS NORMANDES AVANT LA RÉVOLUTION DE 1789.

Les populations normandes du début du vingtième siècle valent-elles mieux que leurs devancières ?

A cette question, les uns, mécontents de la marche générale des événements présents, épris de pessimisme, répondent qu'on était plus vertueux et plus heureux autrefois, tandis que d'autres, enflés d'une singulière vanité et enivrés des idées de progrès indéfini, affirment que nos ancêtres étaient la proie de la misère, de l'ignorance et de tous les vices et qu'on n'a rien à regretter de ce qui appartenait au passé.

Sans doute, tout affirme et démontre autour de nous la loi du progrès; nous avons le droit d'être fiers des conquêtes de la science, qui ont amélioré à un si haut degré les conditions de l'existence.

Mais nous ne pouvons nier que, malgré l'accroissement des richesses et du bien-être, les campagnes se dépeuplent, l'immoralité envahit les familles, et l'alcoolisme poussé à l'état aigu aggrave tous les autres vices.

A s'en tenir à ces simples constatations d'ordre général, il semble bien que le passé ne mérite peut-être pas tous les reproches d'indignité qu'on lui adresse, et que le présent ne mérite pas davantage l'excès d'honneur dont on se plaît à le parer.

L'histoire, consultée avec discrétion, confirme cette manière de voir, en ce qui concerne la Normandie.

Au moyen âge et dans les temps plus modernes, les populations de ce pays ont révélé les traits caractéristiques et particuliers qui les distinguent encore aujourd'hui. Augustin Thierry a signalé un des premiers ce sentiment prononcé d'indépendance individuelle et d'intérêt calculateur, que rien n'a pu effacer.

Les Normands sont restés *habiles à démêler leurs intérêts et ardents à les poursuivre.*

Baudrillart nous les montre s'habituant de très bonne heure à discuter leurs intérêts avec les seigneurs du pays, maintenant la limite de leurs droits avec persistance, s'appliquant à la reculer tant qu'ils peuvent, exigeant des pièces écrites pour vaincre leurs incurables défiances contre les abus possibles de la force. Telle est l'origine lointaine de l'humeur processive qu'on a si souvent relevée comme un trait de la race.

Voulez-vous vous convaincre que l'immoralité et l'ivrognerie étaient des vices aussi répandus au moyen âge que de nos jours? M. Léopold Delisle va vous édifier à l'aide du registre des visites de l'official de Cerisi, près Bayeux, pour les paroisses rurales soumises à sa juridiction au quatorzième siècle (1).

« En lisant ces procès-verbaux, dont l'authenticité ne saurait être contestée, dit-il, on reste confondu à la vue des désordres qui régnaient dans la plupart des ménages. A chaque instant, notre official doit enregistrer les plus scandaleux débordements. De tous côtés, le concubinage et l'adultère appellent une répression, qui presque toujours reste impuissante. Le mariage ne conserve plus la moindre dignité; nos malheureux paysans n'y voient guère qu'un marché peu différent de ceux qu'ils concluent journellement entre eux. Rien n'est plus ordinaire que de trouver les futurs plaidant l'un contre l'autre à la cour de l'official, qui tantôt renvoie les parties libres de contracter ou non le mariage et tantôt, par une sentence appuyée des anathèmes de l'Eglise, les force à s'unir et, suivant son expression, les adjuge l'un à l'autre comme mari et femme! — En parcourant les lettres de rémission dont sont remplis les registres du trésor des chartes, on n'arrive pas à des résultats plus consolants. Seulement, dans les documents de cette espèce,

(1) *Etudes sur la condition de la classe agricole et l'état de l'agriculture en Normandie au moyen âge* par Léopold Delisle.

ce sont d'autres vices qui se manifestent au lecteur : le principal est l'ivrognerie, dont, au moyen âge, les suites étaient probablement encore plus terribles qu'au dix-neuvième siècle. En effet, les excès de boissons étaient fréquemment suivis de rixes dans lesquelles un ou plusieurs des combattants perdaient la vie. Ce dénouement paraissait alors un accident très ordinaire, et, il faut l'avouer, la facilité avec laquelle, dans ces circonstances, les coupables obtenaient des lettres de rémission, dut puissamment contribuer à pervertir la conscience publique. »

On peut invoquer encore l'autorité d'un traité de géographie paru vers le milieu du quinzième siècle. Après avoir parlé de la fertilité du pays, des qualités fortes et viriles de la race, ce traité fait l'éloge de « la brave noblesse, des bons marchands par mer et par terre, et des populaires, fort laboureurs hommes et femmes, honnestes gens de vertus et de mesnaige ». Mais il ajoute aussitôt: « Ils sont grands beuveurs en leurs festiments, et grand chières se font par boire. »

Voilà bien la preuve que l'intempérance ne date pas d'hier pour les populations de Normandie.

En voulez-vous une autre preuve ? Vous la trouverez dans ces fameux Vaux de Vire, qui peignent les mœurs de la Normandie dans le passé, et que notre très érudit et très regretté collègue M. Armand Gasté a restitués à Jean Le Houx, leur véritable père.

Ai-je besoin de vous citer ce joli Vau de Vire, que vous connaissez tous :

> Beau nez, dont les rubis ont cousté mainte pippe
>   De vin blanc et clairet,
> Et duquel la couleur richement participe
>   Du rouge et violet ;
> Gros nez, qui te regarde à travers un grand verre
>   Te juge encore plus beau.
> Tu ne ressembles poinct au nez de quelque herre
>   Qui ne boit que de l'eau.
> Un coq d'Inde sa gorge à toi semblable porte.
>   Combien de riches gens
> N'ont pas si riche nez ! Pour te peindre en la sorte
>   Il faut beaucoup de temps.
> Le verre est le pinceau duquel on t'enlumine,
>   Le vin est la couleur
> Dont on t'a peint ainsi, plus rouge qu'une guine,
>   En beuvant du meilleur, etc.

et tant d'autres chansons si gaies, que tous les recueils de littérature citent à l'envi ?

Au seizième siècle, l'état moral de la Normandie n'était guère plus satisfaisant. On l'a établi sans peine à l'aide du journal tenu depuis 1552 jusqu'en 1563, par le sire de Gouberville, gentilhomme campagnard, qui habitait, non loin de Valognes, le manoir de Mesnil-au-Val.

Baudrillart nous a tracé de ce châtelain normand un portrait plein de relief (1).

Le seigneur de Gouberville est fort entendu en affaires, très-actif, économe, libéral pourtant, chrétien, comme on l'est alors, mais bon vivant, lettré plus qu'on ne pourrait le croire et, selon l'usage, grand chasseur ; il prenait part à tous les divertissements de la campagne, à des jeux violents, alors à la mode dans le pays. Maître excellent, mais chef obéi et d'humeur irascible, il a la main prompte comme beaucoup de gens dont il est question dans le même manuscrit, et, lorsqu'il lui est échappé quelque vivacité de ce genre, il note le soir sur son journal les coups qu'il a donnés le matin, avec la même conscience qu'il inscrit les plus petites dépenses.

Les mœurs dont témoigne ce précieux document offrent un mélange de bien et de mal. Nulle preuve d'une ivrognerie habituelle. Le libertinage semble peu fréquent dans la classe rurale.

Pourtant la bâtardise n'a rien qui paraisse très déshonorant pour le père des enfants naturels et pour les enfants eux-mêmes; le châtelain a sous son toit un frère et une sœur illégitimes qu'il traite avec une grande amitié, et qui tiennent dans le château un rang fort honorable.

Bien mieux, son oncle, Jean de Gouberville, qui était tout à la fois curé de Gouberville et de Ménesqueville, avait trois enfants naturels, deux filles et un garçon, de sa gouvernante Marguerite Le Berger. Le garçon, Antoine de Russy, sieur de la Quièze, obtint des lettres de légitimation, ce qui est bien fait pour nous surprendre dans l'état actuel de nos mœurs. Il n'en était pas de

(1) *La Normandie*, p. 60 et suiv. — Voy. aussi *Revue des Deux-Mondes* du 1ᵉʳ mai 1878, — et le *Journal du sire de Gouberville* avec une Introduction par *Eugène de Robillard de Beaurepaire*, publié dans les *Mémoires de la Société des Antiquaires de Normandie*, 4ᵉ série, 1ᵉʳ volume, Caen 1892.

même au seizième siècle. «Nous avons relevé, dit M. de Maulde, (1) dans les registres de la Chancellerie de Louis XII, du moins dans le peu qui nous en reste, une douzaine de légitimations de fils de prêtres, presque tous d'origine distinguée, à ce qu'il semble.... La Chancellerie royale ne parait pas s'émouvoir de leur bâtardise plus que d'une bâtardise ordinaire. »

Il y a, dans ces mœurs, un fond de bonhomie mêlé de rudesse. Si la majorité des paysans parait probe, cela ne va pas pourtant sans de nombreux faits qui accusent l'improbité : la passion pour la propriété, passion déjà répandue en Normandie, se traduit souvent par l'appropriation illégitime. Le châtelain a fort à faire de garantir son bétail contre les vols ; on dérobe les chevaux comme les poules ; on ne se fait pas scrupule de commettre des délits forestiers. Ce qui est plus grave, le petit propriétaire empiète tant qu'il peut sur le domaine commun, sur les chemins, sur telle terre communale dont il enclôt sournoisement une partie, sur les rivières, où d'autorité il établit un moulin. Les moyens qu'emploie, pour réprimer ces délits, le sire de Gouberville, n'attestent pas non plus un respect fort scrupuleux des formes légales.

Accompagné d'une troupe de fidèles serviteurs, il se rend, presque toujours à l'heure de minuit, sur le lieu du délit, comble les fossés, renverse les clôtures indûment élevées, démolit le moulin, et rentre au manoir. Les gens se plaignent ; l'auteur de ces exécutions parle de porter l'affaire devant la justice régulière, mais il n'en a garde ; tout finit par un arrangement entre les deux parties. A ces traits qu'on joigne le peu de sûreté que présentent les voyages à cause des vols à main armée, les batailles perpétuelles où figurent l'épée, la dague et le bâton, et où on s'entre-déchire, sans excepter les femmes qui se battent avec les hommes, on verra, à travers bien des détails satisfaisants et honorables, que ce qui manquait le plus, même dans les temps les moins éprouvés, c'était, avec une bonne police, le respect scrupuleux des droits, c'était la sécurité, c'était la justice

Il ne semble pas que les traits caractéristiques de la physionomie morale des habitants de la Normandie aient subi de

(1) *Les origines de la Révolution française* au commencement du XVIᵉ siècle par R. de Maulde-Clavière, p. 168.

sérieuses modifications au XVII° et au XVIII° siècle. Un savant médecin, docteur régent à Caen, Lepecq de la Clôture, les représente aspirant après la richesse, ce qui les rend intéressés, fins ou au moins adroits sur tout ce qui conduit à leur bien-être ou à la fortune, buvant une grande quantité de vins et adonnés aux liqueurs spiritueuses.

Cependant les cultivateurs pauvres ne pouvaient se procurer ni vin, ni liqueurs spiritueuses et la frugalité présidait à leurs repas. Mais ils désertaient le travail des champs. Le vagabondage et la mendicité se développaient dans des proportions effroyables, surtout au cours du XVIII° siècle. Les intendants dans leurs *Mémoires*, Boulainvilliers, dans son *État de France*, en font foi.

On peut voir dans un opuscule du plus haut intérêt, récemment publié par M. Émile Mourlot(1), qu'une notable partie de la population vivait alors aux dépens de l'autre, diminuant ainsi le nombre des bras dont l'agriculture avait besoin, et constituant même un danger public. Ces vagabonds oisifs quittaient souvent leur pays d'origine pour mendier sur les grandes routes ; ils s'y attroupaient, et, forts de leur nombre, obtenaient par les menaces ou les violences les secours que la pitié seule eût dû leur valoir. Ils étaient la terreur des fermes isolées et des villages, où ils exerçaient de véritables brigandages : leurs rangs se grossissaient parfois de faux-sauniers, de galériens évadés, et, sous la direction d'un chef de bande, ils mettaient toute une province en coupe réglée, sans crainte de se mesurer avec la maréchaussée ou les soldats royaux.

Le dix-huitième siècle est rempli des projets de réforme et des mesures prises pour abolir la mendicité et soulager l'indigence. C'est d'abord la déclaration du roi Louis XV du 18 juillet 1724. Elle distinguait parmi les mendiants les vrais pauvres que le grand âge ou les infirmités mettaient hors d'état de gagner leur vie, et les pauvres volontaires, mendiants par fainéantise, et voleurs du pain des autres. Aux premiers, elle réservait les hôpitaux ; les seconds devaient être enfermés dans des lieux de

(1) *La question de la mendicité en Normandie à la fin de l'ancien régime* (Extrait du *Bulletin historique et philologique*, 1902). Paris, Imprimerie nationale, 1903.

correction, et mis au pain et à l'eau et sur la paille. Les mendiants invalides devaient être occupés à divers travaux en rapport avec leurs aptitudes et leur état de santé. Quant aux valides, groupés en escouades sous le commandement de sergents, ils devaient être employés aux travaux publics. Leur première détention était fixée à deux mois ; mais, après deux récidives, ils étaient passibles des galères, et la durée de leur peine pouvait aller de cinq ans à perpétuité.

Ces prescriptions rigoureuses furent mal observées en Normandie comme ailleurs, et une autre déclaration royale du 20 octobre 1750 leur donna une sanction nouvelle. La répression ne fut pas suffisante, car une déclaration de 1764 édicta des pénalités plus sévères encore. Elle définissait pour la première fois le vagabondage, et considérait comme vagabonds ceux qui, sans ressources, sans domicile fixe et sans certificats de bonnes vie et mœurs à fournir n'exerçaient aucun métier depuis six mois.

On ne pouvait exécuter les instructions ministérielles qu'en établissant des dépôts. Les trois intendants de Rouen, de Caen et d'Alençon, La Michodière, Fontette et Lallement en installèrent neuf tant bien que mal. Mais on s'aperçut bien vite que ces dépôts, hâtivement organisés, occasionnaient des dépenses hors de proportion avec les résultats obtenus, et on ne laissa subsister qu'une maison de force par généralité, à Rouen, à Beaulieu près de Caen, et à Alençon.

Le régime de ces « renfermeries » était assez sévère, dit M. Mourlot, et tenait le milieu entre celui de l'hôpital et celui de la prison : les détenus devaient s'y sentir en état de correction et y être assez maltraités pour craindre d'y revenir. Le mobilier était plus que rudimentaire : des paillasses sur le sol des rez-de-chaussée, de la paille sur le plancher des chambres hautes ; le linge et les vêtements, de chanvre et d'étoffes très grossières ; la nourriture variant selon l'état de santé des mendiants. Tous avaient 24 onces de pain par jour (1 livre 1/2); les malades recevaient 12 onces de viande (3/4 de livre) par jour avec le bouillon dans lequel on mettait quelques légumes et du sel à raison de deux onces par tête ; les valides mangeaient alternativement soit 2 onces de riz, soit 4 onces de petites fèves cuites à l'eau et au sel. En 1773, une société parisienne, Manié, Rimberge et C⁰, s'était chargée, moyennant 6 sols par jour et par tête, de la nourriture et de l'entretien des renfermés dans presque tous les dépôts de mendicité du royaume.

Les trois assemblées provinciales de la Normandie, qui se réunirent en 1787 à Rouen, à Caen et à Lisieux, et furent comme le prélude de la réunion des États généraux, se préoccupèrent d'adoucir le sort des pauvres et de réprimer la mendicité.

Thouret, avocat au Parlement de Rouen, présenta un rapport remarquable sur cet objet à l'Assemblée de la haute Normandie. Il proposait de remanier l'organisation de l'assistance publique. Il montrait combien était vicieux le régime pratiqué jusqu'alors, qui laissait chaque paroisse particulièrement chargée de ses pauvres. C'est là, disait-il, une des causes de l'inefficacité des règlements portés contre la mendicité.

Les paroisses peu aisées, qui ne pouvaient pas nourrir leurs pauvres, les abandonnaient et la mendicité continuait. Si elles étaient contraintes de les faire vivre, elles supporteraient une charge au-dessus de leurs forces qui les appauvrirait davantage et qui serait sans proportion avec celles des paroisses riches, ayant peu de pauvres et de grands moyens. Il était donc nécessaire d'établir la communauté de secours entre toutes les paroisses, riches ou pauvres.

Après avoir organisé cette assistance réciproque entre paroisses, Thouret déterminait les secours à accorder aux malheureux. Aux vieillards et aux infirmes incapables de travail était due l'assistance gratuite ; les malades devaient, autant que possible, être soignés à domicile, et transportés dans les hôtels-Dieu et hôpitaux seulement en cas d'affections graves ou dangereuses. Les valides seraient pourvus de travail selon leurs facultés, les matières premières, les outils leur seraient avancés. Les pères de nombreuses familles recevraient, à titre de complément de salaire, des sommes croissant avec l'insuffisance de leurs gains On veillerait enfin à ce que les enfants, orphelins ou non, allassent aux écoles et fussent mis ensuite en apprentissage, s'ils montraient de bonnes dispositions.

Toutes les misères intéressantes se trouvant ainsi soulagées et même prévenues, la mendicité n'avait plus de raison d'être. Les mendiants de profession, fainéants, libertins, insoumis, tous ceux qui se mettraient au ban de la société n'auraient plus aucun droit à l'indulgence. Il fallait les renfermer dans les dépôts, qui seraient désormais exclusivement réservés à cet usage, sous le nom de *maisons de correction* et les y astreindre au travail.

Les événements ne permirent pas à ces généreux projets d'aboutir. Les cahiers de 1789 reprirent les idées de réforme des assemblées provinciales. Tous les cahiers demandèrent deux séries de mesures, les unes, pénales, pour supprimer le vagabondage ; les autres, charitables, pour soulager la misère.

Contre les mendiants de profession, qui vivent aux dépens du public en troublant son repos, et qui s'attroupent par cantons, il faut multiplier les brigades de maréchaussée Pour empêcher le déluge de mendiants qui inondent les villes et les campagnes, 1 est nécessaire de les frapper de peines sévères, surtout les valides. Et une sage prudence commande d'y assimiler d'autres vagabonds, dit le cahier de Falaise, « les conducteurs d'animaux, les porteurs de lanternes magiques, les vendeurs d'orviétan, poudres et autres, connus sous le nom d'opérateurs, charlatans et empiriques, les vendeurs de chansons, les faiseurs de tours, de gibecières, etc., gens qui sont la pépinière des scélérats ».

Pour prévenir la mendicité, les cahiers s'accordent à demander des bureaux de charité et la création d'une caisse paroissiale, dont les ressources seraient périodiquement distribuées entre les pauvres astreints au domicile.

L'opinion publique et la philosophie du dix-huitième siècle, qui avaient inspiré les cahiers de 1789, inspirèrent aussi les résolutions de l'Assemblée Constituante Le duc de La Rochefoucauld-Liancourt, président et rapporteur du *Comité spécial de la mendicité*, proposa un plan général pour l'extinction de la mendicité et l'administration des secours publics dans toute la France. On peut résumer ce plan en quelques lignes: la pauvreté est un titre légal à l'assistance ; la quotité des secours est en raison des besoins de l'indigent, et il y est subvenu à l'aide d'un fonds unique, constituant pour les pauvres de la France entière un patrimoine commun ; la bienfaisance devenant une dette publique, l'Etat en assure la responsabilité et il y pourvoit par l'intermédiaire d'agences locales chargées de découvrir et de secourir toutes les infortunes.

Malheureusement, il ne suffit pas de proclamer de magnifiques principes, il faut les réaliser. Plus d'un siècle s'est écoulé, et il y a encore trop de mendiants et de vagabonds. Malgré les progrès accomplis, la question de la mendicité est loin d'être résolue.

Mais je ne veux pas m'attarder plus longtemps à l'étude du passé, et j'aborde l'étude de l'état moral actuel de la Normandie.

II

ÉTAT MORAL ACTUEL DES POPULATIONS NORMANDES. — CRIMINALITÉ. — MENDICITÉ ET VAGABONDAGE.

Pour bien observer l'état moral d'un pays, il convient de s'arrêter d'abord aux faits les plus saillants qui s'offrent à nous, c'est-à-dire aux crimes et aux délits qui s'y commettent.

Sans doute, on voit ainsi l'humanité sous son jour le plus dégradant et on risque de calomnier l'ensemble d'une population honnête, à cause de l'indignité d'une minorité vicieuse et corrompue. Aussi ne faut-il pas juger de la moralité d'un pays uniquement d'après les renseignements fournis par la statistique criminelle, tout en constatant qu'il y a là un élément essentiel qu'on ne saurait négliger.

Un criminaliste distingué, M. Henri Joly, ayant en mains les *Comptes généraux de la Justice criminelle* présentés tous les ans à M. le Président de la République par M. le Garde des Sceaux, a peint sous les plus sombres couleurs les populations de Normandie (1). « S'il fallait, dit-il, désigner actuellement en France, la région criminelle par excellence, il n'y aurait pas lieu d'hésiter longtemps : il faudrait dire c'est la Normandie ou, tout au moins, une portion importante de la Normandie. Ce pays n'est cependant point un coupe-gorge. Les voyageurs y vont et en reviennent avec une sécurité parfaite. A une certaine époque de l'année les Parisiens s'y rendent en foule et ils n'y sont point massacrés. La vue du passant s'y repose même avec bonheur sur l'appareil d'une existence calme et plantureuse ; et quiconque se borne à traverser rapidement les prairies célèbres de ces parages ne peut que se dire : voilà une contrée

(1) *La France criminelle*, p. 116 et suiv., Paris, Léopold Cerf, 1889.

heureuse où tout conspire à rendre faciles la bonne humeur, l'harmonie et la probité. Cette région n'en est pas moins une de celles qui envoient le plus d'accusés à la cour d'assises et le plus de prévenus à la police correctionnelle. Tel est le fait authentique et indéniable Allez dans le pays même, vous verrez des tribunaux qui sont surchargés, des procureurs de la République qui réclament instamment le secours de nouveaux substituts, des prisons qui regorgent de pensionnaires et où les gardiens sont obligés de s'ingénier pour placer, jusque dans les couloirs, les lits des détenus. Revenez aux *Comptes généraux de la Justice criminelle,* et consultez attentivement toutes les colonnes où s'inscrivent, d'année en année, les attentats grands, moyens et petits de toute nature. Renseignements oraux et renseignements écrits coïncident. C'est bien là une de ces fractions du territoire où le crime et le délit abondent...... »

N'y a-t-il pas quelque exagération dans cette manière d'apprécier l'état moral de la Normandie ? Je le crains, lorsque je vois M. Henri Joly traiter plus particulièrement les départements de la Seine-Inférieure, de l'Eure et du Calvados en *accusés* et prononcer contre eux un vigoureux réquisitoire.

Il est vrai que, de 1825 à 1850, le Calvados a fait partie des 15 départements les plus mauvais de France au point de vue criminel, et que l'Eure ne s'est inscrit qu'à 20 rangs plus loin. Mais pourquoi, lorsqu'on veut prouver que cette situation a empiré encore depuis 1870, invoquer seulement les statistiques des années 1873 et 1874 ? « En 1873, dit M. Henri Joly, la Seine-Inférieure et l'Eure sont dans les quatre départements qui ont le plus d'accusés. En 1874, le tableau des cours d'assises se termine par cette nomenclature : accusés par 100.000 habitants, Bouches-du-Rhône 26, Seine Inférieure 27, Calvados 28, Seine 31 et Eure 43. »

Pourquoi encore vouloir juger de la criminalité de la Normandie d'après des observations recueillies dans un centre restreint composé des quatre arrondissements de Bernay, de Pont-Audemer, de Lisieux et de Pont-l'Évêque ? Sans doute, ces quatre arrondissements, dont l'ensemble s'appelait autrefois l'Évêché de Lisieux, et qui se partagent aujourd'hui entre deux départements, forment une masse naturellement homogène, où les communications sont fréquentes et faciles, où les produits, les habitudes et les mœurs se ressemblent beaucoup. Néanmoins, c'est nous montrer l'image de la Normandie comme dans un fragment de miroir brisé.

Si nous voulons savoir quelle part exacte de vérité contient ce réquisitoire, il nous faut consulter, à notre tour, les statistiques et les *Comptes généraux* du Ministère de la Justice.

De 1873 à 1900, les cours d'assises du Calvados, de l'Orne et de la Manche (ressort de la Cour d'appel de Caen) ont jugé 3,745 accusations, soit une moyenne de 133.67 par année. Le chiffre le plus élevé a été de 168 accusations en 1873, et le chiffre le plus bas de 109 en 1900.

De 1873 à 1900, les cours d'assises de l'Eure et de la Seine-Inférieure (ressort de la Cour d'appel de Rouen) ont jugé 4,377 accusations, soit une moyenne de 150.32 par année. Le chiffre le plus élevé a été de 283 en 1874, et le chiffre le plus bas de 103 en 1900.

La moyenne générale annuelle des accusations criminelles dans le ressort de Caen, par période quinquennale, a été la suivante : 165.50 de 1873 à 1876 (4 années seulement); 129.20 de 1876 à 1881; 124.80 de 1882 à 1886; 140.80 de 1887 à 1891; 132.80 de 1892 à 1896; 111.12 de 1897 à 1901 exclusivement.

Pour le ressort de Rouen cette moyenne générale annuelle a été : 222.25 de 1873 à 1876; 176.60 de 1873 à 1881; 155.80 de 1882 à 1886; 131.20 de 1887 à 1891; 143.20 de 1892 à 1896; 113.50 de 1897 à 1901 exclusivement.

Le nombre des accusés traduits devant les trois cours d'assises du ressort de Caen, de 1873 à 1900, a été de 4,859. Il a été de de 4,660 pour les accusés traduits devant les deux cours d'assises du ressort de Rouen, pendant la même période.

La moyenne générale annuelle des accusés, par période quinquennale, dans le ressort de Caen, a été: 225 de 1873 à 1876 (4 années seulement); 168.40 de 1877 à 1881; 148.80 de 1882 à 1886; 182.60 de 1887 à 1891; 174.40 de 1892 à 1896; 147 de 1897 à 1901 exclusivement. Le chiffre le plus élevé a été 266 en 1874, et le chiffre le plus faible 126 en 1886.

Pour le ressort de Rouen, la moyenne générale annuelle des accusés, par période quinquennale, a été: 297.75 de 1873 à 1876; 222.80, de 1877 à 1881; 199.20 de 1882 à 1886; 175.40 de 1887 à 1891; 170.80 de 1892 à 1896; 159.50 de 1897 à 1901 exclusivement. Le chiffre le plus élevé a été 379 en 1874 et 137 en 1900.

Le nombre moyen annuel des accusés jugés contradictoirement, de 1826 à 1880, par les cinq cours d'assises de Normandie,
a été de 101 pour le Calvados, de 75 pour la Manche, de 55 pour
l'Orne, de 87 pour l'Eure, de 180 pour la Seine-Inférieure.

Le rapport du nombre des accusés à la population a été,
de 1826 à 1880, sur 100.000 habitants, de 22 pour le Calvados, de
13 pour la Manche, de 13 pour l'Orne, de 22 pour l'Eure, de 24
pour la Seine-Inférieure. La proportion la plus élevée en France,
pendant la même période, a été de 45 dans les départements de
la Seine et de la Corse. La plus réduite a été de 8 à 10 dans les
départements du Nord, du Pas-de-Calais, du Cher, de la Creuse,
de l'Ain, de la Savoie et de l'Isère. La moyenne générale de
toute la France a été de 17.

Le nombre moyen annuel des accusés jugés contradictoirement, de 1881 à 1900, par les cinq cours d'assises de Normandie,
a été de 80 pour le Calvados, de 49 pour la Manche, de 33 pour
l'Orne, de 71 pour l'Eure, de 110 pour la Seine-Inférieure.

Le rapport du nombre des accusés à la population a été, de
1881 à 1900, sur 100,000 habitants, de 19 pour le Calvados, de 10
pour la Manche, de 10 pour l'Orne, de 21 pour l'Eure, de 13 pour
la Seine-Inférieure. La proportion la plus élevée en France,
pendant la même période, a été de 29 dans le département de la
Corse. La plus réduite a été de 4 et de 5 dans les départements
de la Vendée, de l'Indre, du Cher, de la Nièvre et de la Corrèze.
La moyenne générale de toute la France a été de 10.

Si on s'en tient à un examen superficiel de ces chiffres et de
ces moyennes, on doit croire que les crimes ont diminué en
Normandie dans une forte proportion, au cours du dix-neuvième
siècle, et on peut être tenté d'en attribuer le mérite à l'instruction de plus en plus répandue ou à l'adoucissement progressif
des mœurs.

Malheureusement, c'est une pure illusion, qui est due pour la
plus grande partie à la pratique générale des parquets, qui
correctionnalisent chaque jour davantage les crimes peu graves.
Il leur suffit de négliger volontairement de relever certaines
circonstances, telles que l'effraction ou l'escalade, pour transformer un vol qualifié, justiciable de la cour d'assises, en un vol
simple, justiciable de la police correctionnelle. Cette pratique a
été consacrée dans beaucoup de cas par la loi du 13 mai 1863.

Elle assure la répression en frappant les coupables de peines moindres, et prévient les défaillances trop fréquentes du jury ; elle rend les procédures criminelles plus expéditives et moins coûteuses.

On ne saurait nier que la correctionnalisation ait contribué dans une large mesure à l'abaissement de la courbe des crimes. En effet, cette courbe n'a commencé à s'abaisser qu'à partir de 1855, c'est-à-dire vers l'époque où la pratique dont nous parlons a commencé à se propager.

Si on examine d'ailleurs en détail, dans les statistiques, l'évolution des diverses natures de crimes, on est encore plus frappé de l'exactitude de cette observation. Ainsi, tandis que les vols qualifiés désencombrent la colonne des crimes, ils grossissent celle des délits. Comme le fait remarquer avec raison M. Tarde (1), les vols domestiques ont diminué des deux tiers (dans la colonne des crimes) depuis 1826, quoique le nombre des gens à gages ait considérablement augmenté. Est-ce à dire que les valets et les servantes sont devenus plus fidèles? Gardez-vous de cette illusion et regardez à la colonne des vols simples, qui ont bien plus que doublé. Il en est de même pour les faux: ils sont en voie d'accroissement, mais on les baptise le plus possible escroqueries, nature de délit qui a plus que triplé.

Les crimes contre les personnes résistent en général à la correctionnalisation: tels sont les assassinats, les viols et attentats à la pudeur sur des enfants, les infanticides. La courbe de ces crimes considérés isolément, loin de s'abaisser dans son ensemble, s'élève au contraire ou tout au moins reste stationnaire, en Normandie et dans le reste de la France.

Par suite, la diminution apparente de la grande criminalité ne porte guère que sur les crimes contre les propriétés, comme les vols qualifiés et les faux. Ainsi, de 1831 à 1880, le nombre moyen annuel des accusés jugés contradictoirement par les cinq cours d'assises de Normandie pour des crimes contre les propriétés, a été de 75 pour le Calvados, de 52 pour la Manche, de 38 pour l'Orne, de 63 pour l'Eure et de 132 pour la Seine-Inférieure. De 1881 à 1900, cette moyenne est réduite à 52 pour le Calvados, à

---

(1) *La criminalité comparée*, par G. Tarde, chef de la statistique au Ministère de la Justice, Paris, Félix Alcan, 1898, 4e édition.

31 pour la Manche, à 19 pour l'Orne, à 45 pour l'Eure et à 66 pour la Seine-Inférieure.

Mais nous savons que cette diminution est fictive et constitue un véritable trompe-l'œil. Au fur et à mesure que la colonne des crimes s'abaisse dans les statistiques, celle des délits s'élève.

La moyenne des prévenus poursuivis à la requête du ministère public devant les tribunaux de police correctionnelle, pendant la période de 1840 à 1879, a varié entre 39 et 40 pour 10.000 habitants dans le Calvados, entre 29 et 19 dans la Manche, entre 29 et 19 dans l'Orne, entre 39 et 40 dans l'Eure et entre 49 et 40 dans la Seine-Inférieure, alors que la moyenne générale de la France était de 39. Pendant la période de 1890 à 1900, cette moyenne s'est élevée dans de fortes proportions : elle a varié dans le Calvados entre 101 et 70, dans la Manche entre 49 et 40, dans l'Orne entre 49 et 40, dans l'Eure entre 101 et 70, dans la Seine-Inférieure entre 101 et 70, tandis que la moyenne générale de la France était de 48.

Dans les seize tribunaux correctionnels du ressort de la Cour d'appel de Caen, il a été poursuivi en moyenne tous les ans, de 1873 à 1875, 4.805 délits et 5.793 prévenus ; de 1876 à 1880, 4.762 délits et 5.802 prévenus ; de 1881 à 1885, 5.341 délits et 6.330 prévenus ; de 1886 à 1890, 6.516 délits et 7.606 prévenus ; de 1891 à 1895, 7.772 délits et 9.377 prévenus ; de 1896 à 1900, 6.980 délits et 8.349 prévenus.

Dans les dix tribunaux correctionnels du ressort de la Cour d'appel de Rouen, il a été poursuivi en moyenne tous les ans, de 1873 à 1875, 6.044 délits et 7.083 prévenus ; de 1876 à 1880, 6.562 délits et 7.572 prévenus ; de 1881 à 1885, 8.793 délits et 10.215 prévenus ; de 1886 à 1890, 9.866 délits et 11.728 prévenus ; de 1891 à 1895, 10.553 délits et 12.842 prévenus ; de 1896 à 1900, 9.096 délits et 11.081 prévenus.

A ces chiffres il faut encore joindre le nombre des affaires présentant le caractère de crime ou de délit et laissées sans poursuites par le Ministère public parce que les auteurs sont restés inconnus. Dans le ressort de Caen, les affaires de cette nature ont été au nombre de 2,130 en 1880, de 3,847 en 1892 et de 3,759 en 1900. Dans le ressort de Rouen, elles ont été au nombre de 2,554 en 1880, de 5,287 en 1892 et de 4,254 en 1900.

2

Il y a longtemps qu'on l'a dit, ce qui prend la place du crime féroce, ce sont les actes de dépravation, ce sont les actes d'inventive cupidité, ce sont les délits qui s'appuient sur la fourberie et sur la ruse.

Ces résultats sont affligeants, parce qu'ils se rapportent à une période pendant laquelle la Normandie a grandi en richesses et en instruction. C'est ainsi que les stations de bains de mer ont enrichi les populations qui habitent près des côtes. Mais elles n'ont pas eu sous le rapport moral, comme l'a déjà remarqué Baudrillart, d'aussi heureux effets. La présence d'un grand nombre d'étrangers, le désir et la facilité du lucre, la vue d'exemples qui sont loin d'être toujours édifiants, ont été pour ces populations une épreuve dont leur moralité s'est plus d'une fois fâcheusement ressentie (1).

Serait-il vrai, comme l'affirme M. Tarde, que l'un des premiers effets des progrès de l'instruction et de la richesse, et l'un des mieux démontrés par la statistique comparée des divers départements, des diverses classes, des diverses nations même, soit une augmentation proportionnelle des méfaits contre les propriétés ? Il serait assurément singulier « de voir ainsi la cupidité grandir avec la richesse et, pareillement, de voir, au fur et à mesure des progrès de la vie urbaine, des relations sexuelles plus libres et plus multipliées, les passions sexuelles redoubler, comme l'atteste la progression énorme des délits contre les mœurs. Rien de plus propre que ces constatations statistiques, entre autres, à illustrer cette vérité capitale qu'un besoin est surexcité par ses propres satisfactions ».

A l'appui de cette dernière observation, il est curieux de constater l'augmentation du nombre des délits d'adultère depuis le vote de la loi sur le divorce. Les délits d'adultère jugés dans le département de l'Eure étaient au nombre de 27 en 1880, de 17 en 1883 ; ils se sont élevés à 69 en 1891, à 62 en 1899 et à 44 en 1900. Aucun délit d'adultère n'était jugé dans la Manche en 1880 et en 1883 ; on en a jugé 10 en 1901 et 17 en 1900. Dans le Calvados, on jugeait 7 délits d'adultère en 1880, 29 en 1883, 45 en 1887 et 1888, et 36 en 1900. Dans l'Orne, les délits d'adultère jugés en 1880 étaient au nombre de 5 et de 8 en 1883 ; ils se sont élevés jusqu'à 32 en 1896, pour retomber à 6 en 1900. Dans la

(1) BAUDRILLART, *La Normandie*, p. 115.

Seine-Inférieure, les délits d'adultère jugés en 1880 et 1883 ont été de 31 et de 28 ; ils se sont élevés à 91 en 1888, à 103 en 1892 et à 90 en 1899 et 1900.

Un mal dont la Normandie souffre autant, sinon plus que le reste de la France, c'est la recrudescence du vagabondage et de la mendicité. En 1800, il y avait à peine 20 à 30 vagabonds, dans chacun de nos cinq départements, qui étaient traduits devant la police correctionnelle. En 1880, il y en avait 245 dans l'Eure, 245 dans la Seine-Inférieure, 62 dans le Calvados, 41 dans l'Orne, 62 dans la Manche.

Ces chiffres se sont élevés jusqu'à 559 dans l'Eure en 1889, et 535 en 1900, jusqu'à 625 dans la Seine Inférieure en 1891 et 258 en 1900, jusqu'à 404 dans le Calvados en 1898 et 316 en 1900, jusqu'à 290 dans l'Orne en 1886 et 247 en 1900, jusqu'à 551 dans la Manche en 1894 et 231 en 1900.

La mendicité a suivi la même progression. Dans l'Eure, on poursuivait 115 mendiants en 1880, 624 en 1892 et 510 en 1900. Dans la Seine-Inférieure, on poursuivait 115 mendiants en 1880, 1.390 en 1892 et 501 en 1900. Dans le Calvados, on poursuivait 239 mendiants en 1780, 681 en 1892, 816 en 1898 et 473 en 1900. Dans l'Orne, on poursuivait 104 mendiants en 1880, 541 en 1888 et 190 en 1900. Dans la Manche, on poursuivait 239 mendiants en 1880, 928 en 1892 et 125 en 1900.

Notons que la répression du vagabondage et de la mendicité est toujours quelque peu intermittente. Les gendarmes et la police n'arrêtent guère qu'un délinquant sur cinq. Pour se soustraire à l'action de la justice, « les roulants » fabriquent couramment et se vendent les uns aux autres de faux certificats de travail. Ils se procurent, paraît-il, des sceaux de mairie chez les marchands de timbres en caoutchouc, sans trop de difficultés.

Lorsqu'une affaire retentissante, comme celle du sinistre Vacher, appelle d'une manière particulière l'attention publique sur les dangers du vagabondage, les arrestations et les poursuites augmentent dans des proportions singulières. C'est ainsi que dans le département de l'Ain, en 1897, avant l'affaire Vacher, on n'avait arrêté (1) que 141 vagabonds, tandis qu'en 1898, après l'affaire, on en a arrêté 456.

(1) *Revue des Deux-Mondes*, 1899, p. 400. *Les vagabonds criminels*, par Fourquet.

Les rangs des miséreux qui errent par les chemins sont plus pressés tous les jours, et il semble qu'un vent de paresse, d'orgueil ou de démoralisation souffle de tous les côtés sur notre pays. Et cependant le bien-être est plus répandu aujourd'hui qu'autrefois. Comme le dit M. Rambaud, dans son *Histoire de la civilisation en France.*, la grande industrie distribue cent fois plus de salaires que l'ancienne, elle fait vivre cent fois plus d'ouvriers, elle réduit le prix de tous les objets manufacturés et, par là, met à la portée de l'ouvrier non seulement le nécessaire, mais encore ce qui eût été le luxe, il y a cent ans.

Les travailleurs ont vu leur sort amélioré ; ils sont mieux logés, mieux meublés, mieux vêtus, mieux nourris que ceux d'autrefois. Malheureusement, leurs dépenses sont hors de proportion avec l'augmentation de leurs salaires. La prévoyance et l'épargne leur répugnent. Que les années soient bonnes ou mauvaises, les cultivateurs des campagnes fréquentent les cabarets avec la même assiduité et consomment la même quantité de café et d'alcool. Quant aux artisans des villes, sans souci des chômages, des maladies probables et de l'inévitable vieillesse, ils dépensent en deux ou trois jours le salaire d'une semaine. Aussi, beaucoup d'entre eux vivent dans la gêne, et quelques-uns, quand la misère les étreint trop fort, vont grossir les rangs des déclassés et des vagabonds.

On a affirmé que le paysan normand vit le plus souvent en bonne harmonie avec le vagabond et le mendiant. Lui, si jaloux de sa propriété, il leur laisse prendre un abri passager dans les dépendances de sa maison ; il leur donne un morceau de pain et un verre de cidre. Ce n'est pas par pure générosité, mais par un certain sentiment de crainte qu'il agit ainsi. Le paysan, peu large avec les autres, mais peu courageux aussi, aime mieux payer cette petite rançon qui ne lui coûte guère et qui le met à l'abri (1). On voit que, malgré l'auréole de poésie donnée par Richepin à son chemineau de théâtre, les vagabonds et les mendiants n'ont pas encore gagné toutes les sympathies, même en Normandie.

Il est vrai que quelques-uns n'ont ni l'âme méchante ni les instincts criminels. Ils n'ont plus d'énergie ni pour le bien ni

(1) *La France criminelle*, p. 128.

pour le mal, et ils évitent avec soin les délits qui entraineraient pour eux la relégation. Mais, s'il y a des vagabonds inoffensifs,il faut reconnaitre qu'il y en a de redoutables, que leur genre de vie n'est pas une école d'honnêteté, que l'occasion et la faim sont de mauvaises conseillères, que bon nombre d'entre eux ont recours aux menaces pour extorquer ce qu'ils estiment leur être dû, quand la fermière ou les enfants sont seuls à la maison, et qu'ils savent enfin se venger des refus qu'ils ont subis.Si des granges pleines brûlent,si des meules de blé,la nuit, prennent feu soudainement, le fermier qui a fermé sa porte à des mendiants importuns sait trop bien à qui il doit imputer son malheur.

Il est trop certain que les vagabonds fournissent un contingent important à la grande criminalité. Les statistiques relèvent à la charge des individus sans domicile fixe des vols,des attentats à la pudeur sur des enfants, des faux, des assassinats, des meurtres et des incendies de plus en plus nombreux. Mais il y a plus encore ; beaucoup de crimes et de délits classés sans suite par les parquets, ou suivis d'ordonnance de non – lieu des juges d'instruction reviennent à la population errante.M.Fourquet,dans son étude sur les *vagabonds criminels*, a évalué le nombre des vagabonds assassins et meurtriers inconnus à 64 pour cent du chiffre total des assassins et meurtriers inconnus (1)

Il fait fort bien observer que les chemineaux, qui errent à toute heure du jour et de la nuit, ont, en raison des distances considérables qu'ils parcourent, cent fois plus d'occasions de tuer ou de voler. Ces occasions sont aussi beaucoup plus favorables, et on peut dire qu'ils n'ont que l'embarras du choix. Le long des routes, au coin des bois, dans les pâturages déserts, ils rencontrent fréquemment des enfants, garçons, ou fillettes, gardant leurs troupeaux ou vaquant aux travaux des champs ; or, quels dangers ne courent point les pâtres isolés, si le chemineau qui passe est une brute surexcitée par l'ardeur de la saison ? Si, d'autre part, pendant la moisson, et pendant le temps des fenaisons, de la vendange ou des travaux de l'arrière-saison, le vagabond ne trouve, à la maison où il se présente pour demander l'aumône ou du travail, qu'une femme, qu'une

(1) *Revue des Deux-Mondes*, 1899 p. 416.

jeune fille sans défense, à l'heure où tout le monde est aux champs, quelle occasion propice !

Le vagabond, grâce à l'habitude qu'ont beaucoup de paysans de l'héberger, rencontre, pour explorer les habitations, des facilités que n'a point le malfaiteur dont le domicile est connu, dont la présence serait suspecte. S'il échoue, il disparaît sans avoir été remarqué. Il peut, à l'aide des vêtements mendiés, en réserve dans son sac, opérer de rapides transformations, confondu dans la cohue des autres mendiants qui courent les chemins, perdu dans cette cour des miracles en marche, dans laquelle il est si difficile de démêler les signalements et de contrôler l'emploi du temps.

Les traits de ce type de vagabond criminel, que j'emprunte à M. Fourquet, sont d'une vérité criante : ce sont les traits de Vacher, le monstrueux chemineau qui a ensanglanté de tant d'assassinats les départements de France parcourus par lui dans tous les sens.

Notre arsenal de lois pénales est impuissant à réprimer le vagabondage et la mendicité d'une manière efficace. Les peines appliquées aveuglément aggravent le mal au lieu de le guérir. L'emprisonnement appliqué aux vagabonds n'est ni répressif, ni moral, ni éducatif. Après deux ou trois mois passés en prison, on les jette de nouveau à la rue, sans se préoccuper de ce qu'ils vont devenir. Une telle méthode est tout à la fois inutile, coûteuse et malfaisante.

Le régime pénitentiaire réservé aux vagabonds et aux mendiants est si doux, que leur paresse morale s'en accommode et que nombre d'entre eux, à l'expiration de la peine subie, s'ingénient à commettre de légers méfaits, filouterie d'aliments au préjudice des restaurateurs, bris de clôture, etc., afin de rentrer en prison le lendemain du jour où ils en sont sortis.

M. Henri Joly a décrit avec beaucoup d'humour les très confortables prisons de Normandie, qu'il a visitées. « Les détenus, dit-il, y sont bien chauffés. Par raison d'économie, on les fait lever tard et coucher tôt. Leur nourriture est certes frugale, mais elle est saine. La cuisine des prisons en général peut supporter la comparaison sans trop de désavantage avec la cuisine de certains collèges et avec la cantine de beaucoup de régiments. Le travail qui leur est offert est un travail facile :

démêler des chiffons et en faire cinq ou six tas ou confectionner des chaussons de lisière. Si le travail les fatigue et s'ils ralentissent l'œuvre de leurs dix doigts, ils n'en sont ni plus ni moins nourris, ni plus ni moins chauffés. Si l'ennui les talonne et s'ils travaillent, ils peuvent supputer d'heure en heure les petits bénéfices qu'ils accumulent. Une partie leur sert à améliorer leur ordinaire ; le reste leur sera donné en une seule fois comme pécule de sortie, pour être probablement en une seule fois aussi dépensé. Enfin, les détenus sont là toute la journée les uns avec les autres, sans surveillance ; jeunes et vieux peuvent causer tout à leur aise et retrouver ainsi l'inoubliable attrait de la sociabilité sans avoir à rougir devant personne, sans avoir à essuyer ni reproches ni dédains. »

Il faut bien le confesser, aucun progrès sérieux n'a été réalisé, en ce qui concerne la suppression du vagabondage et de la mendicité, depuis la fin du dix-huitième siècle. On nous propose toujours de nouveaux projets de réforme, aussi généreux, aussi séduisants que celui de Thouret à la veille de la Révolution ; mais aucun de ces projets n'aboutit.

Au commencement du dix-neuvième siècle, Napoléon se flatta un moment d'*extirper* la mendicité pour s'en faire un titre de gloire. La législation qui nous régit nous vient de lui et porte son empreinte. Elle repose sur le décret du 5 juillet 1808, complété par le règlement du 27 octobre suivant relatif à la création des dépôts de mendicité et au fonctionnement de ces établissements, et par la loi des 16-26 février 1810, qui a pris place dans le Code pénal sous les articles 269 à 282.

Ce système répressif consiste dans une distinction entre le mendiant et le vagabond.

Le mendiant qui a un domicile connu et qui est incapable de gagner sa vie doit être hospitalisé dans un établissement public, et, tant que cet établissement fait défaut, il peut continuer à solliciter la charité publique, sans être inquiété ! S'il est valide, il est interné dans un dépôt répressif, et il y reste un temps suffisant « pour y apprendre à gagner sa vie par le travail », et qui doit être au moins d'un an. Mais, si la commune le réclame, si une personne honorable se porte garante pour lui, on pourra lui rendre immédiatement la liberté.

Quant au vagabond, il est traité comme un être dangereux, et il est envoyé de suite dans les maisons de détention. A l'expiration de sa peine il est mis à la disposition du Gouvernement « pendant le temps que celui-ci déterminera, eu égard à sa conduite ».

Pour appliquer les mesures prévues par cette législation, il fallait créer trois sortes d'établissements : 1° des hospices pour les vieillards et les infirmes, 2° des dépôts de mendicité pour les mendiants valides, 3° des maisons de détention pour les mendiants vagabonds.

Par esprit d'économie, on utilisa en les généralisant les dépôts de mendicité de l'ancien régime qui subsistaient encore, et on groupa dans un seul établissement les trois catégories de mendiants, qui devaient rester séparées pour être soumises à un régime particulier. Ce fut là une cause d'insuccès, surtout après la chute du premier Empire. Les invalides et les vieillards débordèrent sur la partie réservée aux valides; on accueillit dans les dépôts des aliénés, des gâteux, des épileptiques, des filles publiques malades, toutes les catégories pour lesquelles aucun édifice public n'était alors prévu. Les dépôts furent détournés de leur destination première, on cessa d'y travailler ; l'encombrement par les incurables enleva bientôt toute disponibilité de places nouvelles. Les mendiants reparurent sur les chemins, sûrs de n'être pas conduits dans les dépôts. Y eussent-ils été conduits, ils savaient bien qu'ils y seraient entretenus sans travailler (1).

Actuellement, il n'y a plus guère en France que 24 dépôts, et dans une douzaine seulement d'entre eux on a organisé le travail. La plupart des départements, et les départements de Normandie sont de ce nombre, se contentent d'avoir un traité avec un autre département, souvent à une grande distance, qui leur donne le droit d'envoyer dans son dépôt quelques indigents. Ils croient s'être mis en règle avec la loi à l'aide de cette fiction légale qui ressemble étrangement à une mystification.

Les départements de l'Orne et de la Manche ont un traité avec le dépôt de mendicité du Mans (Sarthe), le département du Calvados avec le dépôt de mendicité de Beaugency (Loiret), le département de la Seine-Inférieure avec le dépôt de mendicité

(1) *Un siècle de lutte contre le vagabondage*, par Louis Rivière, dans la *Revue politique et parlementaire*, t. 20, p. 281.

de Montreuil-sous-Laon (Aisne). Quant au département de l'Eure, il n'a pas même de traité avec un dépôt de mendicité, et il ne dirige ses mendiants sur aucun établissement de ce genre.

Dans ces conditions, les dispositions de l'article 274 du Code pénal concernant la mendicité accidentelle ne peuvent plus recevoir leur exécution en Normandie. En effet, la mendicité accidentelle n'est un délit que lorsqu'il existe dans le département une maison de secours ouverte qui puisse recevoir, non pas théoriquement, mais réellement, les indigents La jurisprudence est fixée dans ce sens qu'un tribunal correctionnel ne peut appliquer l'article 274, s'il ne constate pas l'existence d'un dépôt de mendicité dans le département et la possibilité pour le dépôt de mendicité de recevoir le prévenu

N'est-il pas triste vraiment, pour une région aussi belle, aussi riche que la Normandie, d'en être réduite à un tel état d'impuissance ?

Depuis vingt ans, de nombreux projets de loi ont été élaborés soit par le Conseil supérieur des prisons, soit par le Conseil supérieur de l'Assistance publique, soit par des commissions parlementaires. Le dernier et le meilleur de ces projets est celui de M. Jean Cruppi, député de la Haute-Garonne, ancien avocat général à la Cour de cassation.

Tout le monde est d'accord pour établir des catégories parmi les vagabonds, déterminer les causes qui les jettent dans cette vie et les caractères que revêt cette mendicité. Il convient d'abord de mettre à part les infirmes, les vieillards et les enfants, en un mot les invalides de toute espèce ; ils relèvent de l'Assistance publique, non de la loi pénale ni des tribunaux. Restent deux classes de vagabonds : ceux qui le sont par accident et momentanément, et puis ceux qui sont des professionnels. Encore faudrait-il distinguer, dans ces deux classes, ceux qui sont vraiment dangereux et incorrigibles, et ceux qui n'ont fait que s'abandonner eux-mêmes et n'auraient peut-être besoin que d'un peu d'aide et de protection pour se ressaisir, reprendre courage et se remettre au travail.

Suivant le projet de loi de M. Cruppi, le juge de paix aurait la mission de faire le départ, entre les mendiants qui lui seraient amenés, de ceux qui sont invalides et de ceux qui font un métier de la mendicité.

Mais cette loi intelligente et humaine une fois votée, tout restera à faire. Il y aura à créer les établissements hospitaliers et les maisons de travail obligatoire sans lesquels la loi resterait stérile. C'est alors qu'apparaîtront les difficultés financières, quand il s'agira de répartir la charge nouvelle entre les communes, les départements et l'État. En pareille matière, les conseils généraux devraient prendre une initiative courageuse et ne pas attendre l'impulsion toujours trop lente de l'État. Pourquoi les cinq départements de Normandie ne s'entendraient-ils pas, comme la loi du 10 août 1871 leur en donne le droit, afin de grouper leurs ressources et de prendre des mesures efficaces de défense contre la recrudescence du vagabondage et de la mendicité ? Ils auraient des œuvres d'hospitalisation particulières pour les mendiants invalides ou infirmes et une colonie agricole commune où seraient recueillis les vagabonds valides. L'État subventionnerait ces œuvres et garderait sur elles son droit de haute surveillance.

Si les départements de la Seine-Inférieure, de l'Eure, du Calvados, de l'Orne et de la Manche voulaient se concerter, ils arriveraient bien vite à se débarrasser du fléau dont ils se plaignent. Quant à la dépense, elle ne serait pas aussi lourde qu'on pourrait le craindre, car les vagabonds vivent déjà sur le pays et sont incarcérés aux frais des contribuables.

En agissant ainsi, les conseillers généraux de Normandie ne feraient que reprendre et réaliser les généreux projets conçus, il y a plus de cent ans, par Thouret, un de leurs plus glorieux ancêtres.

Ils ont d'ailleurs, pour les stimuler, l'exemple donné, dans la ville de Caen, par la *Société de solidarité sociale* fondée et dirigée, depuis le 15 mars 1893, par M. Edmond Villey, l'éminent doyen de la Faculté de Droit. Cette société, qui a rendu tant de services de toute nature, a organisé un atelier de travail pour les hommes et un service de travail à domicile pour les femmes. Le travail pour les hommes consiste à transformer du moellon en macadam ; et l'atelier est ouvert pendant la mauvaise saison, lorsque sévit le chômage, du commencement de décembre à la fin de mai. Dans les cinq dernières années, il a été payé 14.626 francs de salaires aux hommes et 4.217 francs aux femmes employées à divers travaux de couture,

Au Havre, la *Société centrale havraise de secours* a organisé des ateliers pour fournir du travail de lingerie aux femmes. Le premier élan du public en faveur de cette œuvre s'est vite ralenti, mais une nouvelle société, l'*Assistance par le travail du Havre* s'est formée et est en voie de prospérité.

A Rouen, une société d'assistance par le travail a été ouverte aux ouvriers valides sans travail, du sexe masculin, âgés de plus de vingt ans.

Les efforts tentés par ces associations afin de restreindre la mendicité et de fournir un travail provisoire à l'indigent, pour lui faciliter la recherche d'un travail normal, le sauver de l'inanition en attendant qu'il ait trouvé une occupation régulière, et lui faire gagner honorablement un salaire, méritent tous les éloges. Mais des sociétés privées ne sauraient suffire, quelle que soit la bonne volonté de leurs fondateurs et de leurs adhérents, à une œuvre d'aussi longue haleine. Il y faut l'effort combiné et les ressources financières des communes, des départements et de l'État.

III

LA DÉPOPULATION ET SES CAUSES.

La question de la dépopulation, qui préoccupe à juste titre toute la France, doit préoccuper plus encore la Normandie.

Il y a longtemps qu'on l'a constaté, la population normande diminue d'une manière progressive par suite de l'amoindrissement du nombre des naissances et de l'accroissement sensible du chiffre de la mortalité.

Il n'y a d'exception à faire qu'en faveur des arrondissements du Havre, de Rouen, de Cherbourg et de Pont-l'Évêque, où un large courant d'immigration est venu combler les vides creusés par le déficit des naissances et l'augmentation des décès.

Rien de plus navrant que l'impression ressentie à la lecture des tableaux des dénombrements quinquennaux de la population dans les cinq départements de Normandie depuis trente ans, de 1873 à 1902.

Voici ces tableaux, dressés d'après les renseignements fournis par les bureaux des préfectures :

CALVADOS

ARRONDISSEMENTS	1er JANV. 1873	1er JANV. 1878	1er JANV. 1883	1er JANV. 1887	1er JANV. 1892	1er JANV. 1897	1er JANV. 1902
Caen	126.141	123.659	121.023	121.065	119.848	116.841	115.054
Bayeux	73.476	73.133	70.857	70.353	68.745	66.412	64.068
Falaise	54.094	52.390	51.031	49.730	48.489	46.985	45.172
Lisieux	67.046	66.701	63.555	63.256	61.816	60.084	59.273
Pont-l'Évêque	56.251	57.682	59.289	59.945	59.479	59.216	60.906
Vire	77.004	76 655	74.075	72.918	70.568	67.638	63.705
TOTAUX . . .	454.012	450.220	439.830	437.267	428.945	417.176	410.178

ORNE

ARRONDISSEMENTS	1er JANV. 1873	1er JANV. 1878	1er JANV. 1883	1er JANV. 1887	1er JANV. 1892	1er JANV. 1897	1er JANV. 1902
Alençon.	67.234	66.517	63.994	62.795	61.590	59.127	57.223
Argentan	90.838	89.158	86.784	83.990	80.920	77.730	75.601
Domfront.	131.429	130.670	125.316	124.488	117.924	112.874	107.485
Mortagne.	108.749	105.983	100.032	95.975	93.953	89.431	86.643
TOTAUX. . .	398.250	392.526	376.126	367.248	354.387	339.162	326.952

MANCHE

ARRONDISSEMENTS	1ᵉʳ JANV. 1873	1ᵉʳ JANV. 1878	1ᵉʳ JANV. 1883	1ᵉʳ JANV. 1887	1ᵉʳ JANV. 1892	1ᵉʳ JANV. 1897	1ᵉʳ JANV. 1902
Saint-Lô	88.950	89.118	87.212	86.829	85.944	83.217	81.859
Avranches	106.840	103.013	100.083	98.590	96.895	93.522	91.912
Cherbourg	87.954	89.395	87.707	88.745	91.604	93.503	96.435
Coutances	113.742	112.496	109.338	106.527	102.633	97.170	92.520
Mortain	67.926	66.976	65.464	64.680	63 084	60.640	58.696
Valognes	79.364	78.912	76.573	75.494	73.655	72.000	69.950
Totaux . . .	544.776	539.910	526.377	520.865	513.815	552.052	491.372

EURE

ARRONDISSEMENTS	1er JANV. 1873	1er JANV. 1877	1er JANV. 1882	1er JANV. 1887	1er JANV. 1892	1er JANV. 1897	1er JANV. 1902
Andelys (Les)	59.501	60.013	58.632	58.152	58.015	57.082	56.473
Bernay	68.000	67.003	63.909	61.720	59.232	56.916	55.659
Évreux	112.178	111.542	111.929	112.889	111.261	110.349	109.638
Louviers	65.112	64.008	62.432	60.177	57.301	55.767	53.944
Pont-Audemer	73.083	70.973	67.389	65.891	63.662	60 544	59.067
Totaux . . .	377.874	373.539	364.291	358.829	349.471	340.652	334.781

SEINE-INFÉRIEURE

ARRONDISSEMENTS	1er JANV. 1873	1er JANV. 1878	1er JANV. 1883	1er JANV. 1887	1er JANV. 1892	1er JANV. 1897	1er JANV. 1902
Dieppe	108.454	108.375	108.880	110.047	108.390	105.855	105.853
Le Havre	202.624	210.775	226.484	239.886	247.277	252.322	266.674
Neufchâtel	78.306	77.975	76.419	76.654	76.118	74.976	73.183
Rouen	275.146	280.585	289.815	296.666	301.481	304.506	311.972
Yvetot	125.412	120.704	112.470	110.133	106.610	100.120	96.201
Totaux . . .	789.942	798.414	814.068	833.386	839.876	837.779	853.883

Ainsi, la population du Calvados, qui était de 454,012 habitants en 1873, est tombée à 410,178. C'est, en trente années, une perte de 43 834 habitants.

La population de l'Orne, qui était de 398,250 habitants en 1873, est tombée à 326,952. C'est, en trente années, une perte de 71,298 habitants.

La population de la Manche, qui était de 544,776 habitants en 1873, est tombée à 491,372. C'est, en trente années, une perte de 53,104 habitants.

La population de l'Eure, qui était de 377,874 habitants en 1873, est tombée à 334,781. C'est en trente années, une perte de 43,093 habitants.

La population de la Seine-Inférieure, qui était de 789,942 habitants en 1873, s'est élevée en 1902 à 853,883. C'est, en trente années, une augmentation de 63,941 habitants, qu'il faut attribuer pour la plus grosse part aux grandes agglomérations urbaines de Rouen et du Havre.

Les cinq départements de Normandie pris dans leur ensemble ont perdu, en trente années, 147,688 habitants.

N'est-il pas lamentable de voir un beau département comme celui de l'Orne perdre en trente ans à peu près un cinquième de sa population. La tristesse et la mélancolie étreignent le cœur de ceux qui traversent ces campagnes désertées. C'est l'impression ressentie et bien exprimée par un écrivain du cru, Paul Harel, d'Echauffour. « Quand je vais chasser dans la forêt, dit-il, dans ses *Souvenirs d'auberge*, je traverse des villages dépeuplés. Je m'arrête parfois devant quelque chaumière dont le toit s'effondre, dont le seuil est envahi par les hautes herbes... Le silence et la désolation règnent autour de ces demeures où jadis vivaient des familles dans le travail et dans la joie. »

La même impression douloureuse et assombrie se retrouve plus accentuée encore dans les poésies où Paul Harel chante la tristesse des maisons mortes, des foyers désertés, des âtres abandonnés, que ne signale plus aucun filet de fumée bleue s'élevant au-dessus de la paix du village. Il y a un accent de vérité rude et poignante dans le retour de l'*Emigrant* au hameau natal, où nul, parmi les moissonneurs, parmi les jeunes gars et les belles filles ne le reconnaît, où la maison elle-même, froide et nue, n'a rien gardé des souvenirs d'autrefois.

3

Cette dépopulation a des causes générales qui s'appliquent à la Normandie comme au reste de la France : excès des décès sur les naissances et peut-être aussi excès des émigrants sur le chiffre inconnu des immigrants. L'excès des décès sur les naissances tient tout à la fois à une mortalité exagérée portant surtout sur les enfants du premier âge, à l'insuffisance de la natalité et de la nuptialité.

On jugera d'après les tableaux suivants (p. 40 et 41), qui se rapportent à l'année 1900, l'intensité des causes générales de dépopulation dans les cinq départements de Normandie (1).

Les chiffres les plus significatifs qui ressortent de ces tableaux du mouvement de la population normande, ce sont ceux qui révèlent l'excédent des décès sur les naissances dans tous les départements, sauf dans celui de la Seine-Inférieure où se maintient une sorte d'équilibre plus ou moins instable.

Tandis que la proportion moyenne des décès pour 1.000 habitants dans toute la France, pendant l'année 1900, était de 22. 1, cette proportion s'élevait à 24. 2 pour l'Eure, à 26 pour l'Orne, à 26. 1 pour la Manche, à 26. 6 pour la Seine-Inférieure et à 26. 08 pour le Calvados, qui a atteint ainsi la proportion la plus élevée de tous les départements de France.

La France entière souffre du même mal qui affaiblit et amoindrit tous les jours un peu plus les forces vives de la nation. C'est un véritable danger patriotique qui menace les destinées de notre pays. En effet, depuis 1870, la population de l'Allemagne a augmenté de 14 millions ; elle atteint aujourd'hui le chiffre de 54 millions, tandis que la France n'a gagné que 1.500.000 habitants, en passant de 36 millions et demi à 38 millions. Si cette proportion persiste, il y aura en 1950 deux Allemands pour un Français. Cette éventualité redoutable mérite de retenir notre attention.

Déjà, après 1870, le feld-maréchal de Moltke indiquait combien notre stérilité volontaire ou subie nous rendait de moins en moins redoutables pour nos voisins : « Depuis nos victoires, disait-il, la France, faute d'enfants, perd chaque jour une bataille. »

(1) J'ai établi ces tableaux d'après la *Statistique du mouvement de la population* publiée par le Ministère du Commerce.

Un économiste allemand, Rommel, écrivait, vers 1899, ces lignes menaçantes : « Le terrain compris entre les Vosges et les Pyrénées n'est pas précisément fait pour que 38 millions de Français y végètent, alors que 100 millions d'Allemands y peuvent si parfaitement vivre et prospérer. » Et ce même écrivain ajoutait : « Le fils unique de la famille française est inexorablement destiné à être dépouillé par les cinq fils de la famille allemande.»

Le gouvernement de la République s'est ému et a institué une grande commission, qui siège au Ministère de l'Intérieur sous la présidence de M. le sénateur Bernard, afin d'étudier les causes de la dépopulation de la France et les remèdes qu'on y peut apporter.

Les causes générales de la dépopulation en France sont les mêmes que celles qu'il est permis de constater en Normandie.

Une des plus importantes consiste dans la restriction volontaire des naissances. M. Baudrillart la signalait déjà en 1880. « On est résolu, disait-il, à ne pas avoir d'enfants, ou du moins à en limiter le nombre autant que possible. Tantôt l'égoïsme est le motif déterminant : on craint de diminuer ses revenus et ses jouissances en augmentant ses charges. Tantôt on agit en vue de ses héritiers : on redoute de priver l'unique enfant ou le petit nombre de ceux qu'on a d'une partie de la succession. On ne veut mettre au monde, en un mot, que des hommes aisés, heureux, on le croit du moins, et qui ne soient pas exposés à déchoir de la situation où ils sont nés. Tel est le calcul qu'on ne craint guère d'avouer, et qui ne saurait ici s'appuyer sur l'indigence. Ce sont les moins pauvres en effet qui se livrent à ce calcul, ce sont ceux-là mêmes dont l'intérêt général ferait désirer qu'ils fissent souche de familles nombreuses, propres à représenter cette bonne moyenne de capacités et de qualités qui fait la valeur d'un peuple. Combien il est désirable qu'ils lèguent un tel héritage à leurs enfants, avec un bien-être modeste sans doute, un peu diminué peut-être, mais avec cette instruction et ces exemples de travail et d'économie qu'il ne dépend que d'eux de leur donner ! Les occupations ne manquent pas. Dans la plupart de ces campagnes, on réclame des bras et des intelligences au service de la culture. Je suis obligé de reconnaître ici un des signes de l'importance vraiment exagérée et trop matérialiste attachée par le cultivateur normand à la possession de la terre. L'homme, avec ses facultés, avec tout ce

Mouvement de la population dans les départements
du Calvados, de l'Eure, de l'Orne, de la Manche et de la Seine-Inférieure en 1900

	POPULATION d'après le recensement de 1896	MARIAGES	DIVORCES	NAISSANCES		EXCÉDENT des décès sur les naissances	DÉCÈS de la 1re année		PROPORTION pour 1.000 habitants		
				légitimes	naturelles		légitimes	naturels	Naiss.	Décès	Mariages
Caen.	116.841	822	29	1.816	287	1.261					
Bayeux.	66.412	519	11	1.082	238	412					
Falaise	46.985	335	11	809	45	353					
Lisieux	60.084	435	13	1.032	157	460					
Pont-l'Évêque. .	59.216	446	20	1.237	160	58					
Vire.	67.638	492	7	1.115	96	554					
Calvados . . .	417.176	3.049	91	7.090	992	3.098	1.131	278	19.4	26.8	7.3
Évreux.	110.349	775	36	1.689	174	793					
Bernay	56.910	400	17	970	123	318					
Les Andelys. . .	57.082	442	40	1.087	118	126					
Louviers	55.767	385	13	911	82	333					
Pont-Audemer. .	60.544	450	14	1.157	144	214					
Eure.	340.652	2.452	120	5.816	641	1.784	889	166	19.0	24.2	7.2

	POPULATION d'après le recensement de 1896	MARIAGES	DIVORCES	NAISSANCES		EXCÉDENT des décès sur les naissances	DÉCÈS de la 1re année		PROPORTION pour 1.000 habitants		
				légitimes	naturelles		légitimes	naturels	Naiss.	Décès	Mariages
Alençon	59.127	402	8	797	79	720					
Argentan	77.730	536	16	1.204	56	683					
Domfront. . . .	112.874	752	5	1.901	64	1.061					
Mortagne	89.431	666	18	1.401	91	751					
ORNE.	339.162	2.356	47	5.303	290	3.215	952	220	16.5	26.0	6.9
Saint-Lô	83.217	639	14	1.580	182	443					
Avranches . . .	93.522	631	3	1.571	61	751					
Cherbourg . . .	93.503	721	15	2.112	185	280					
Coutances . . .	97.170	648	4	1.743	135	544					
Mortain	60.640	413	2	1.145	41	340					
Valognes	72.000	438	1	1.326	144	455					
MANCHE.	500.052	3.490	39	9.477	748	2.813	1.412	223	20.4	26.1	7.0
Rouen	304.506	2.476	91	6.628	1.121	− 658					
Dieppe.	105.855	857	18	2.711	360	+ 463					
Le Havre. . . .	252.322	2.982	103	6.975	924	+ 609					
Neufchâtel . . .	74.976	561	20	1.524	262	+ 60					
Yvetot	100.165	740	9	2.303	296	+ 370					
SEINE-INFÉRIEURE	837.824	6.916	241	20.141	2.963	+ 844	4.385	929	27.6	26.6	8.2

qu'il porte en lui de forces productives naturelles et acquises, a fini par s'effacer devant l'idée prépondérante de la propriété matérielle. Il semble abdiquer devant cette prévoyance à courtes vues qui veut à tout prix tenir son gage à l'avance, non seulement pour le propriétaire actuel, mais pour les générations futures. Une telle manière d'envisager la vie humaine supprime la confiance dans l'avenir ; elle finirait par tuer dans son germe toute énergie créatrice (1). »

La mentalité et les préoccupations des populations normandes sont aujourd'hui ce qu'elles étaient en 1880. M. le docteur Bertillon a fait à ce sujet une enquête auprès de ses confrères de divers départements, et en particulier du département de l'Orne. Il a fait connaître à la commission de la dépopulation, dont il fait partie, les renseignements par lui recueillis (2).

Deux proverbes normands résument assez bien la morale particulière de la région sur ce point : « Le couple vaut mieux que la douzaine. — Désir de roi, garçon et fille. »

Un médecin de l'Orne déclare que, très souvent, les grands-parents parlent de la limitation du nombre des enfants comme d'un acte de haute raison et de vertu: ils considèrent la fécondité comme inconvenante et ridicule.

On cite de nombreux exemples de familles restées stériles pendant plusieurs années, et redevenues subitement fécondes après la mort du premier enfant qu'il s'agissait de remplacer.

C'est surtout dans la crainte de partager sa fortune après sa mort que le paysan ne désire qu'un enfant. « Il aime sa terre plus que sa famille », dit un médecin; un autre dépeint ainsi l'âme du paysan: « Un héritier unique marié à une héritière unique, voilà son rêve. » Un proverbe de l'Orne traduit fort bien cette idée : « C'est assez d'un veau pour l'herbage »; la terre est assez divisée comme cela.

Feu Arsène Dumont, bien connu par ses études démographiques, et qui a étudié le phénomène de la dépopulation sur plusieurs points de la Normandie, commune par commune, en se transportant sur les lieux et en scrutant, pour ainsi dire, l'âme

---

(1) *La Normandie*, p. 127 et 128.
(2) *Compte rendu officiel de la séance du 12 mars 1902. (Sous-commission de la natalité.)*

moyenne des habitants de ce pays par des observations personnelles et directes, a confirmé les appréciations du docteur
Bertillon, et a démontré que c'est l'ambition des parents pour
leurs enfants, le désir de s'élever personnellement par des
économies qui restreint la natalité en Normandie comme dans
le reste de la France.

D'après lui, il en est ainsi chez les pauvres aussi bien que chez
les riches, et il arrive à cette conclusion que la conduite des
gens est déterminée plutôt par l'imitation de la classe à laquelle
ils appartiennent.

« La faible natalité, dit-il, (1) n'est pas toujours causée par la
richesse Ainsi, dans le Calvados, un fermier aisé aura un seul
enfant et en fera un avocat. Dans le Nord, le même fermier aura
une dizaine d'enfants, élevés à l'école primaire, qui resteront
attachés à la terre. Les causes d'abaissement de la natalité sont
d'ordre moral et différentes selon les classes. L'infécondité est
de règle dans les aristocraties. L'homme naît fécond, et la
société le stérilise. Et l'on constate qu'au fur et à mesure que
dans les démocraties il y a effort vers un degré plus haut de
culture, il y a un abaissement de natalité. L'oliganthropie se
développe à la chaleur du bien-être. Ce n'est pourtant pas la
richesse en soi qui est responsable de la crise, mais l'ensemble
des idées, des sentiments, des préjugés égoïstes qu'engendre le
bien être. »

Une autre cause non moins importante de la dépopulation,
c'est l'émigration des populations des campagnes vers les villes,
où elles produisent une sorte de remous dont l'écume se répand
ensuite sur le pays sous la forme du vagabondage et de la mendicité Ainsi, en Normandie, Rouen et le Havre sont des centres
puissants d'attraction, et c'est ce qui fait que le département de
la Seine-Inférieure voit sa population s'accroître au préjudice
des campagnes.

Le service militaire obligatoire pour tous et l'instruction de
plus en plus répandue semblent avoir aggravé le dégoût irréfléchi
de beaucoup de jeunes paysans pour la vie des champs. Combien
d'entre eux, en rentrant au foyer après leur service militaire

(1) *Commission de la dépopulation, sous-commission de la natalité* (séance du
5 février 1902).

accompli, n'ont d'autre préoccupation que de retourner vers les villes, dont ils n'ont entrevu, à la faveur des promenades du dimanche, que le côté agréable, les distractions faciles, la vie dissipée.

Au retour du régiment, comme l'a écrit M. Fourquet dans la *Revue des Deux-Mondes* (1), « leur demeure paraît plus misérable, leur village plus morne, désert, silencieux, et, comme ils ont perdu l'habitude du travail, la nostalgie de la vie les saisit. Tous les hommes politiques dans tous les départements, et jusqu'aux maires des moindres villages, pourraient dire avec quelle insistance les soldats libérés sollicitent leur intervention pour obtenir n'importe quel emploi. A défaut d'occupation à la ville, ils se rabattent avec empressement sur les candidatures aux moindres fonctions : gardes forestiers, facteurs ruraux, cantonniers, etc. Les emplois dans les compagnies de chemins de fer les attirent en grande masse... Ils semblent considérer, en effet, comme une déchéance le retour au travail des champs, à la vie calme et sans grands besoins au sein de la famille... Le paysan n'aperçoit, dans la situation pécuniaire des citadins dont il envie le sort, que le salaire ou le traitement plus élevés ; il se refuse à faire état de leurs charges. Il ne soupçonne pas les sources multiples de leurs dépenses ; il ne voit que les recettes. Dès l'instant où le salaire est plus élevé dans les villes, il en conclut que la situation des travailleurs y est meilleure ; il oublie que le chiffre de son loyer au village est relativement insignifiant, que ses frais d'entretien sont dérisoires, et qu'il faudrait, pour établir son propre budget, ajouter au prix des récoltes qu'il vend la valeur de toutes celles qu'il consomme ».

Les émigrants des campagnes, attirés incessamment par le mirage des villes, se recrutent surtout parmi les jeunes gens. C'est ce que M. Henri Lannes a bien établi dans une étude relative à *l'influence de l'émigration des campagnes sur la natalité française* (2), à laquelle nous emprunterons certains détails caractéristiques.

Les jeunes filles du village savent que telle cuisinière de grande maison met assez d'argent à la caisse d'épargne pour

(1) *Les vagabonds criminels*, année 1893, p. 401.
(2) *Revue politique et parlementaire*, février 1895.

acheter tous les deux ou trois ans un lopin de terre; elles savent
que telle autre est devenue une dame, qu'elle porte de magnifiques toilettes, des bijoux de prix, qu'elle habite un bel
appartement. Les jeunes gens racontent qu'un de leurs camarades, valet de chambre pendant huit ou dix ans, a acheté un
fonds de marchand de vins, qu'il gagne 20.000 francs par an et se
retirera bientôt après fortune faite. Ils ne comprennent pas que
c'est là l'histoire de quelques rares et heureux privilégiés, et, à
la première occasion, ils prennent le chemin de la ville.

Il n'est pas surprenant que leur absence fasse baisser le taux
de la natalité rurale. S'ils étaient restés dans leur commune
d'origine, ils y auraient créé des familles nombreuses ; car « ils
y représentaient les éléments les plus actifs, les plus entrepre-
nants, les moins capables de se modérer ».

Mais ce qui est plus étrange, c'est que, par suite de leur
présence dans les villes, la natalité urbaine n'augmente guère.
Il semble, au premier abord, que l'arrivée d'hommes et de filles
bien portants, jeunes, disposés à tous les plaisirs de la vie,
devrait procurer à la ville qui les reçoit un supplément de
natalité. Il n'en est rien. Dès leur arrivée, les immigrants se
mettent en quête de travail à la journée, ou d'une place. Ceux
qui trouvent ne tardent pas à reconnaître que, si on gagne
davantage en espèces, on dépense aussi davantage. Les bonnes
places sont rares. Par suite de l'encombrement et des chômages,
la plupart des nouveaux venus éprouvent de grandes difficultés
à vivre et doivent consacrer toute leur énergie à la question
matérielle de l'existence. Ce n'est pas le moment de songer aux
joies du ménage.

Les mêmes raisons d'égoïsme individuel et d'amour du bien-
être, qui tendent à restreindre la fécondité du mariage, tendent
aussi à retarder l'âge auquel on s'engage dans les liens matri-
moniaux, d'où une nouvelle cause de diminution de la natalité.
Comme le dit feu Arsène Dumont, dans son *Rapport sur l'âge au
mariage et son influence sur la natalité*(1), « l'amour pousse les
jeunes gens et les jeunes filles aux mariages d'inclination, qui
sont favorables au nombre, à la valeur physique et morale de
leur postérité. La société et la famille, la civilisation corrompue,

(1) *Commission de la dépopulation*. Melun, Imprimerie administrative, 1903.

s'unissent pour multiplier les mariages de convenance, favorables aux intérêts égoïstes des individus. Cette simple remarque, qui n'est pas contestable, nous autorise à dire en paraphrasant un mot célèbre, l'homme naît fécond et la société le stérilise. L'homme naît pour l'union sexuelle, et la société l'amène à rester ou trop longtemps ou définitivement célibataire ».

Le principal obstacle au mariage, c'est la dot, en Normandie comme partout ailleurs. Les enfants du peuple qui n'ont ni dot ni succession à attendre se marient aussitôt que possible. d'abord par besoin d'amour, ensuite par besoin des avantages personnels que leur offre l'union avec une femme. Mais les fils des familles bourgeoises, qui ne veulent pas déchoir à un rang inférieur, reculent l'époque de leur mariage pour attendre la fortune des parents ou faire servir leur mariage à s'élever dans la société.

Un autre obstacle devant lequel s'arrêtent souvent les candidats au mariage, c'est la nécessité de subvenir aux goûts de luxe de plus en plus développés dans toutes les classes de la société.

Dans les villages, les jeunes filles ne veulent plus porter les bonnets de lingerie, les coiffures pittoresques des fermières et des paysannes d'autrefois ; il leur faut des chapeaux et des robes à la mode, qu'elles renouvellent à chaque saison. Les étoffes qu'elles achètent coûtent moins cher qu'autrefois, mais elles durent moins longtemps. En fin de compte, les paysannes d'il y a trente ou quarante ans dépensaient dix fois moins pour des toilettes plus simples, dix fois plus durables, et qui leur seyaient dix fois mieux.

Le temps n'est plus où, dans les villages normands, les femmes occupaient leurs loisirs à teiller le chanvre et à le filer ou à faire de jolies dentelles.

On a souvent essayé d'expliquer la diminution de la population en Normandie par la culture herbagère, qui n'exige pas le même nombre d'hommes que les autres cultures. En effet, deux ou trois personnes suffisent pour exploiter cent hectares d'herbages, tandis qu'il en faudrait plus de vingt-cinq, si ces espaces se couvraient de plantes industrielles, telles que le colza, la betterave, le lin, etc.

Il est certain, suivant la remarque de Baudrillart, que lorsqu'on parcourt la plantureuse région du *pays d'Auge* qui occupe les arrondissements de Pont-l'Evêque et de Lisieux, on cherche parfois longtemps sans la rencontrer la présence de l'homme, si fréquente dans la plaine, au moins au temps de la moisson. On dirait que tout se passe sans lui et que sa main se cache avec soin. Les bêtes ruminantes, dans ces vastes espaces, se montrent seules. Elles semblent régner dans ces riches pâtis comme dans un domaine qui leur appartiendrait par droit de nature ; — rien n'y trouble leur tranquille liberté. La campagne n'offre guère, au loin, que des maisons isolées et des hameaux, bâtis de briques ; de gais cottages sont assis gravement dans des vergers où le pommier domine.

Les forces naturelles et la fertilité du sol travaillent pour l'heureux herbager. L'herbe pousse en si grande abondance que, dans la belle saison, de mai en novembre, les gens du pays disent que *l'herbe pousse le bœuf*, ce qui veut dire que la pousse de la nuit répare amplement et quelquefois dépasse la consommation qu'en a faite le bœuf pendant la journée.

Dans ces conditions privilégiées, la tâche de l'herbager est fort légère. « L'été, dit Baudrillart, et dans les premiers mois d'automne, on le rencontre parcourant d'un pas tranquille ces délicieuses vallées : il regarde si l'herbe a crû, si l'animal a engraissé ; il s'assure qu'il n'est pas arrivé aux bœufs d'accidents pendant la nuit. L'hiver, il garde le coin du feu, il occupe ses loisirs à chasser ; et souvent aussi il les passe dans les cafés... Au printemps se réveille avec la nature elle-même dont il attend le signal, la vraie, la seule activité qu'il ait à déployer ; il quitte alors le pays pour un temps afin de faire ses achats. L'herbager qui part pour ce voyage assez lointain et qu'il prolonge quelques semaines, offre un type très reconnaissable. Il jette sa longue blouse sur sa redingote noire, se coiffe d'une chaude casquette ou d'un béret de fourrures, se chausse de larges bottes épaisses ; il porte une longue paire de ciseaux attachés à la poche de sa blouse, pour marquer ses initiales sur le poil des animaux qu'il doit acheter ; il n'oublie pas une sacoche de cuir bien solide qu'il attache en sautoir... Lesté d'une somme d'argent, l'herbager se rend à de longues distances, suivant un itinéraire invariable, acheter dans les foires et marchés autant de bœufs et de vaches maigres que ses herbages pourront en nourrir. C'est là que l'herbager de la vallée d'Auge montre qu'il n'est pas réduit à un rôle inerte, et qu'il trouve à faire appel à toutes les ressources de son esprit... »

Mais il ne faut pas oublier que les cultures en herbages et en prairies sont, même en Normandie, en bien moins grand nombre que les terres de labour. Il suffit, pour s'en convaincre, de considérer la superficie occupée par les différentes sortes de cultures dans les divers départements. Baudrillart en faisait déjà l'observation en 1880, le Calvados, qui présente des pâturages étendus, offre pourtant beaucoup plus de terres labourables ; seuls les arrondissements de Pont-l'Évêque et de Lisieux donnent aux prairies une supériorité marquée. Dans l'arrondissement de Caen, elles n'occupent guère qu'un septième, dans celui de Falaise un neuvième, dans celui de Vire un cinquième. De même, dans la Manche, les statistiques donnent pour les prairies et les pâturages un peu moins de cent mille hectares, tandis que la superficie des terres arables, vergers, jardins, etc., est de quatre cent mille hectares environ.

La conclusion qui se dégage de ces faits, c'est que la Normandie, dans son immense majorité, n'est pas peuplée d'herbagers, mais de laboureurs. La nature herbagère du sol n'a donc qu'une part peu importante dans l'émigration des campagnards vers les villes, où les pousse surtout leur désir de changer d'état.

Il faut le reconnaître, ce n'est pas le manque d'ouvrage qui détermine tant de paysans normands à déserter des campagnes, qui offrent à l'activité et au bien-être des travailleurs agricoles une carrière des plus vastes. La terre normande peut occuper plus de bras encore, et la culture des champs jointe à l'élevage peut nourrir beaucoup plus d'habitants que ceux qui y subsistent.

On s'est demandé bien souvent comment on pourrait entraver ou réduire l'émigration des campagnes vers les villes. L'attraction puissante exercée par les villes tient surtout au développement excessif des grands travaux urbains. Le jour où l'on ne voudra plus créer du travail à tout prix pour les ouvriers de Paris et des grandes villes, ce genre d'attraction diminuera.

On peut s'efforcer, en attendant, d'agir sur l'esprit des populations rurales, de leur faire comprendre les difficultés de l'existence à la ville et les avantages de leur sort, tout en les rattachant à la terre par des dégrèvements d'impôt foncier de manière à augmenter leur bien-être.

Le colonel Toutée, dans le projet qu'il a communiqué à l'Académie des sciences morales et politiques (27 décembre

1902), et les membres de la commission de la dépopulation qui siège au Ministère de l'Intérieur ont de plus hautes ambitions. Ils ne désespèrent pas d'obtenir le relèvement de la natalité et la diminution de la mortalité en répartissant plus équitablement au point de vue de la famille certaines charges fiscales. Ils proposent de modifier nos lois successorales et de répartir les héritages proportionnellement au nombre des enfants de chacun des héritiers.

L'histoire de la législation romaine doit nous rendre défiants à l'égard de ces projets, plus ou moins inspirés par les lois caducaires, la loi Julia *de maritandis ordinibus* et la loi Papia Poppæa, édictées sous Auguste afin de relever le chiffre de la population de l'Empire et d'y faire prospérer de nouveau ces fortes générations qui avaient valu à Rome la domination universelle. Ces lois caducaires n'empêchèrent pas la dissolution des mœurs et l'effroyable débordement de cosmopolitisme qui entraînèrent la ruine et la chute définitive de la puissance romaine.

M. Levasseur, membre de l'Institut, a démontré avec sa grande logique et son esprit de précision, que les projets du colonel Toutée et autres analogues étaient aussi peu pratiques qu'inefficaces. Après avoir établi, d'après les statistiques successorales, que la fortune moyenne était d'environ 27.400 francs pour les familles de deux enfants, de 24.000 pour celles de trois, etc., ce qui donne par enfant des héritages de 13,700 et de 8,000 francs, il en conclut avec raison que, réduite à ces proportions, la fortune acquise pèse d'un poids bien minime dans les conditions de l'existence [1].

Un jeune ménage, qui vit dans une certaine aisance par son travail, ira-t-il, non par amour de la famille, mais par spéculation, procréer quatre enfants au lieu de deux, d'où une dépense de cinq cents ou de mille francs par an pendant vingt ans, en vue de recueillir, après trente ans ou plus, un modique héritage ? S'il agit par calcul, trouvera-t-il qu'il rentre dans ses déboursés, intérêt compris ; et, s'il aspire à jouir, jugera-t-il que la gêne dans les années de jeunesse vaut le gain à l'âge où le désir des jouissances est peut-être émoussé ? Calcul d'ailleurs aléatoire,

[1] Le *Petit Temps* du jeudi 12 mars 1903.

car, si tous les frères et sœurs ont fait le même calcul, ni les uns ni les autres n'obtiendront rien de plus que s'ils étaient restés tous sans enfants.

M. Ferdinand Buisson est d'avis que, sur cette question de la dépopulation comme sur bien d'autres, on ne peut obtenir de résultat qu'en réformant les mœurs des nouvelles générations. C'est ce qu'il a dit dans une conférence sur *Le devoir présent de la jeunesse*. (1).

« La France s'en va faute d'enfants, et la natalité diminue à mesure qu'augmente l'aisance. Continuons ainsi, et dans dix ans le nombre des conscrits allemands sera juste le double de celui des nôtres : les nombres étaient égaux en 1860. Y a-t-il un remède ? — S'il n'y en a pas, alors c'est la fin, et de toutes la plus honteuse, car c'est la fin par égoïsme, par indignité de vivre. S'il y a un remède, à qui demanderez-vous de l'appliquer ? Ni lois ni règlements n'y peuvent rien. Mais qu'il se trouve parmi vous un certain nombre de jeunes hommes qui, ayant réfléchi à ce que c'est que vivre, viennent à se dire : « Je me passerai de richesse, mais je ne me passerai pas de famille ; je veux reprendre la vie simple ; je travaillerai et mes enfants travailleront ; je serai pauvre et ils seront pauvres, mais notre pauvreté sera fière, notre maison sera heureuse et notre patrie revivra. » Que beaucoup, ayant ainsi réformé leurs plans d'existence, et mis les joies d'une belle famille au-dessus de celles d'un bel appartement et d'un beau mobilier, donnent cet exemple d'énergie morale et de résistance à la tyrannie bête de l'argent, qu'ils prouvent par leur propre bonheur que des hommes intelligents et laborieux (et ces hommes-là trouveront des femmes pour les comprendre) peuvent très bien réagir et se refuser à être plus longtemps les prisonniers de la sottise bourgeoise et les esclaves d'un semblant de luxe. Croyez-vous impossible que de proche en proche ils trouvent des imitateurs ? On a vu en d'autres temps de ces retours à la nature, même au prix d'une révolte contre la mode. Êtes-vous bien sûrs qu'il ne puisse pas s'en faire un de plus, en vue de reconstituer la famille normale en France ? »

(1) *Morale sociale*. Leçons professées au collège libre des sciences sociales, Paris, Alcan. 1899.

IV

LA FAMILLE, LE DIVORCE, LES ENFANTS NATURELS ET LA RECHERCHE DE LA PATERNITÉ

Nous pouvons juger encore de l'état moral des populations de Normandie, d'après la dignité des familles et la bonne harmonie qui règne dans les ménages, d'après la faveur ou la défaveur accordées au divorce, et aussi d'après le nombre des enfants naturels et la manière dont ils sont traités.

Il semble bien que le législateur de 1884, en rétablissant le divorce en France, voulait uniquement fournir un remède extrême à un mal extrême aussi et intolérable, mais peu fréquent. « Aucun observateur attentif des tristes faits que révèlent les procès en séparation de corps, disait le rapport présenté à la Chambre des députés le 15 janvier 1880, n'admettra que l'établissement du remède du divorce, au lieu de l'expédient si imparfait de la séparation de corps, puissent être en soi de nature à accroître le nombre des demandes tendant à la cessation de la vie commune. » Il en donnait cette raison « que nulle part la loi autorisant le divorce ne rencontrera plus certainement dans les mœurs publiques la limitation qui est nécessaire pour que le divorce conserve le caractère d'un remède et ne se tourne pas en abus. Le fait même que la religion catholique est celle de la majorité des Français contribuera aussi à maintenir au divorce en France l'état d'exception indispensable, mais douloureuse, qu'il doit conserver. »

Le rapporteur de 1882 n'était pas moins explicite : « Grâce aux impressions, disait-il, que causera aux époux l'idée seule du divorce, grâce à la sévérité des magistrats, dont les sentences contiendront, de même que la loi, une leçon salutaire, il n'est pas à craindre que les mœurs se prêtent à la multiplicité des divorces, qui seront toujours vus avec une certaine défaveur bien propre à en éloigner les Français. »

Il ne s'agissait que d'offrir aux ménages troublés un remède plus efficace que la séparation de corps, mais qui, restant exceptionnel et rare, ne ferait que se substituer à celle-ci, sans élargir notablement le cercle des perturbations conjugales.

Les faits n'ont pas justifié ces espérances, et l'usage du divorce n'a pas été circonscrit dans des limites étroites, comme on l'avait cru tout d'abord. La proportion actuelle des divorces comparée au chiffre des mariages est énorme. Cette proportion, qui était de 14 pour 1.000 aussitôt après le rétablissement du divorce, s'est élevée à 23 pour 1.000 en 1889, et à près de 26 pour 1.000 en 1899 et 1900 pour la France entière. Dans 25 départements, cette proportion est dépassée, et au nombre de ces départements s'inscrivent le Calvados, la Seine-Inférieure et l'Eure.

En effet, on a compté dans le Calvados, en 1900, jusqu'à 91 divorces sur 3.019 mariages célébrés dans le cours de la même année, soit 30 pour mille.

On a compté dans la Seine-Inférieure, en 1900, jusqu'à 241 divorces sur 6.916 mariages célébrés dans le cours de la même année, soit 34 pour mille.

On a compté dans l'Eure, en 1900, jusqu'à 120 divorces sur 2.452 mariages célébrés dans le cours de la même année, soit 48 pour mille.

Les départements de l'Orne, avec 47 divorces sur 2.356 mariages célébrés en 1900, et la Manche avec 39 divorces sur 3.490 mariages célébrés en 1900 sont seuls demeurés au-dessous de la moyenne générale des divorces prononcés dans la France entière.

L'abus du divorce va s'aggravant de jour en jour et envahit graduellement toutes les couches sociales. Les répugnances auxquelles il s'était d'abord heurté dans les campagnes normandes va s'affaiblissant. Les considérations religieuses et sociales sur lesquelles on comptait pour refréner les abus ne sont à peu près d'aucun poids. La preuve en est que les hommes divorcés et les femmes divorcées n'en sont pas réduits à se remarier entre eux. Ils contractent pour la plupart de nouveaux mariages avec des veufs ou des veuves et aussi avec des garçons et des filles. On le voit, le divorce n'inflige guère qu'une dépréciation de moins en moins sensible à ceux qui y ont recours. On peut dire qu'il est entré dans les mœurs.

Chose singulière, à mesure que les demandes de divorce se multiplient, il semble qu'on leur fait un accueil de plus en plus favorable. La jurisprudence des cours d'appel et des tribunaux interprète la loi de 1884 dans un sens tout à fait extensif. Elle facilite autant qu'il est en son pouvoir, et par suite généralise la rupture du lien conjugal. C'est ce que constate d'ailleurs avec regret le Garde des sceaux de 1895 dans son Rapport sur les comptes de la justice civile. « A mesure, dit-il, que se multiplient les demandes tendant à rompre ou relâcher le lien conjugal, les juges se montrent plus disposés à les accueillir. Ce résultat peut surprendre. Mais, ce qui étonne surtout, c'est que les demandes de divorce aboutissent plus souvent, toutes proportions gardées, que les demandes en séparation.»

L'éminent doyen de la Faculté de droit de Paris, M. Glasson, un magistrat des plus distingués du tribunal de la Seine, M. Morizot-Thibault, et M le sénateur Legrand sont d'accord pour déclarer que les magistrats ont trop perdu de vue le rôle que leur assignait l'un des rapporteurs parlementaires de la loi du divorce : « Ils compléteront, disait-il, cet enseignement de la loi : ils sont maîtres des effets qu'elle peut produire dans les mœurs. Ils l'appliqueront dans l'esprit où elle a été faite, et ne prononceront le divorce que dans les circonstances extrêmes pour lesquelles le législateur aura réservé un recours qui, à ses yeux mêmes, n'a rien de favorable (1). »

M. le sénateur Legrand a expliqué avec beaucoup de sagacité comment s'est établie cette jurisprudence qui donne tant de facilités pour rompre les mariages. Dans beaucoup de cas, on a obéi au désir de faire cesser une existence commune, qu'on estimait intolérable ; on a cru à l'impossibilité d'un rapprochement, à l'inutilité d'une plus longue épreuve, à la certitude d'un nouveau procès. Et puis, ces décisions d'espèces, motivées par des situations intéressantes, ont été invoquées à leur tour par d'autres parties, ont fait précédent pour la juridiction qui les avait rendues et peu à peu ont fait école dans l'ensemble du pays.

C'est ainsi que le mal a atteint toutes les classes de la société, les populations ouvrières des villes et les populations laborieuses

---

(1) *La femme et le divorce*, par M. Morizot-Thibault. Congrès d'économie sociale, séance du 3 juin 1901. — *Les résultats de la loi du divorce*, par M. L. Legrand. Séances et travaux de l'Académie des sciences morales et politiques septembre-octobre 1902.

des campagnes. Il faut dire que la bienveillance excessive de l'assistance judiciaire est responsable, pour une grande part, du débordement des divorces parmi les ménages pauvres. Les bureaux d'assistance judiciaire qui siègent près les tribunaux d'arrondissement admettent près de la moitié des requêtes qui leur sont adressées. On ne saurait le contester, c'est parce qu'on a pu les intenter le plus souvent gratis que les procès de divorce se sont multipliés à ce point.

Comme le remarque M. Legrand, la dignité et la stabilité de la famille est peut-être plus nécessaire encore dans le monde du travail, où elle représente tout le bonheur et où la solidarité conjugale peut seule permettre de suffire aux nécessités de la vie et d'élever les enfants.

Malgré tout, des écrivains de grand talent, Paul et Victor Margueritte, suivis et approuvés par des esprits de haute hardiesse, réclament l'*élargissement du divorce*, c'est-à-dire le divorce par consentement mutuel et même par la volonté persistante d'un seul. Il est vrai qu'ils ont la prétention au moins paradoxale de consolider ainsi le mariage. Cela paraît incroyable et comme le résultat d'une gageure. « L'instabilité toujours possible, et des deux parts, ne deviendra-t-elle pas, précisément, un gage de stabilité? Car le cœur humain est ainsi fait, que, s'il se blase sur ce qu'il a, il tient à ce qu'il craint de perdre. On mettra plus de prudence à se choisir, plus de soin à se garder (1) ».

MM. Paul et Victor Margueritte sont des romanciers de tout premier ordre et de profonds psychologues. A ce titre, ils connaissent assurément le cœur humain et peuvent se regarder comme à l'abri de toute erreur grave. Cependant leurs prévisions sont par trop romanesques et leurs affirmations sont loin d'être rassurantes.

Les termes dans lesquels M. Alfred Naquet adhère au projet de MM. Paul et Victor Margueritte sont bien faits d'ailleurs pour éveiller toutes les défiances. Le père du divorce, qui est en même temps l'auteur du livre fameux *Religion, propriété, famille*, avoue qu'il accepte provisoirement ce projet, pour

(1) *L'élargissement du divorce.* Exposé des motifs et proposition de loi. Paris, librairie Plon, p. 11.

frayer les voies à *la socialisation des fonctions familiales*, qui fera passser les charges de la famille à la société par suite de la constitution d'un organisme communiste. « C'est seulement avec le communisme, dit M. Naquet, que l'amour pourra recevoir enfin son affranchissement total. ... C'est à l'amour, appuyé sur la loi d'aide pour la vie qu'a si bien étudiée Kropotkine, que sera dévolue dans l'avenir l'évolution du genre humain (1) ».

Ce n'est pas soulement à la désorganisation de la famille que tendent tous ces projets, mais aussi au communisme et à l'anarchie. M. Naquet n'en fait pas mystère, et, pour compléter sa démonstration, il place ses idées sur les unions libres sous le patronage de Georges Sand, l'auteur de *Jacques*, dont il reproduit le passage suivant tout à fait suggestif : « Le mariage est, selon moi, une des plus barbares institutions que la société ait ébauchées. Je ne doute pas qu'il ne soit aboli, si l'espèce humaine fait quelques progrès vers la justice et la raison ; un lien plus humain et non moins sacré remplacera celui-là, et saura assurer l'existence des enfants qui naîtront d'un homme et d'une femme, sans enchaîner à jamais la liberté de l'un et de l'autre. »

L'expérience d'ailleurs s'est prononcée depuis longtemps contre de tels projets. *L'élargissement du divorce* ne serait guère que la remise en vigueur de la loi du 20 septembre 1792. Et, comme les mêmes causes doivent produire les mêmes effets, il faudrait s'attendre au renouvellement des excès auxquels donna lieu l'application de cette loi sous la Révolution.

M. Glasson, dans son livre sur le *Mariage civil et le divorce* (2), a donné un éloquent résumé de ces excès. A Paris, dans les vingt-sept mois qui suivirent la promulgation de la loi de 1792, les tribunaux prononcèrent cinq mille neuf cent quatre-vingt-quatorze divorces. Dans les trois premiers mois de 1893, les divorces égalèrent à Paris le nombre des mariages. Malgré la réaction de l'an III, les abus continuèrent. Dans le seul mois de pluviôse an III, il y eut 223 divorces, dont 205 demandés par des femmes pour incompatibilité d'humeur. En l'an VI, le nombre des divorces dépassa dans la capitale celui des mariages. Trois

---

(1) *La loi du divorce*, par Alfred Naquet, Paris, 1903 — Bibliothèque Charpentier.
(2) Paris, Pedone Lauriel, 1880.

ans plus tard, le mal était à peu près aussi grand. « A Paris, en l'an IX, dit le tribun Carion Nisas, le nombre des mariages a été de quatre mille environ, celui des divorces de sept cents ; — en l'an X, celui des mariages d'environ trois mille seulement, celui des divorces de neufs cents, proportion croissante et décroissante qui, des deux côtés, effraie, et qui prouve que le divorce, loin d'être un remède, est, comme je l'ai dit, un mal de plus, et qu'au lieu d'appeler les citoyens au mariage, comme on l'a prétendu, il les en dégoûte, il les en écarte ».

Si l'on veut éviter la destruction de la famille, il faut plutôt rétrécir qu'élargir les causes de divorce, tel est mon sentiment et celui de tous les habitants de Normandie que j'ai eu l'occasion d'interroger à ce sujet.

Le nombre des enfants naturels est considérable en Normandie et atteste trop souvent la facilité des mœurs. Baudrillart en convenait déjà, il y a plus de vingt ans. Il ajoutait que la culture herbagère tend à développer ces désordres de mœurs plus que les autres cultures. Les sexes y sont plus mêlés dans les travaux du dehors et dans ceux de la ferme. La surveillance est en outre rendue à peu près impossible à cause de la fréquence des rapports et de l'éloignement des herbages.

Les naissances illégitimes ne sont pourtant pas beaucoup plus fréquentes en Normandie que dans toute la France, où elles s'élèvent à 80.000 environ tous les ans.

Dans le Calvados, pour 8.082 naissances, en 1900, on en compte 7.090 de légitimes et 992 d'illégitimes.

Dans l'Eure, pour 6.457 naissances, en 1900, on en compte 5.816 de légitimes et 641 d'illégitimes.

Dans l'Orne, pour 5.593 naissances, en 1900, on en compte 5.303 de légitimes et 290 d'illégitimes.

Dans la Manche, pour 10.225 naissances, en 1900, on en compte 9.477 de légitimes et 748 d'illégitimes.

Dans la Seine-Inférieure, pour 23.104 naissances, en 1900, on en compte 20.141 de légitimes et 2.963 d'illégitimes.

Le dixième seulement de ces enfants naturels est reconnu; les autres retombent à la charge exclusive de la mère. Il est vrai que l'État et les départements interviennent par des distributions de secours (10 à 12 francs par mois pendant les deux premières années), et facilitent ainsi aux filles mères les moyens de nourrir leurs enfants, lorsque leur détresse a été établie par une enquête.

Néanmoins les enfants naturels non reconnus souffrent plus que les autres et meurent en plus grande proportion que les enfants légitimes. On peut en juger par les chiffres inscrits dans le tableau du mouvement de la population des départements de Normandie, que nous avons inséré plus haut, et qui sont relatifs à l'année 1900.

Dans le Calvados, les enfants décédés au cours de leur première année ont été au nombre de 1.131 parmi les enfants légitimes, et au nombre de 278 parmi les enfants naturels.

Dans l'Eure, les enfants décédés au cours de leur première année ont été au nombre de 889 parmi les enfants légitimes, et au nombre de 166 parmi les enfants naturels.

Dans l'Orne, les enfants décédés au cours de leur première année ont été au nombre de 952 parmi les enfants légitimes, et au nombre de 220 parmi les enfants naturels.

Dans la Manche, les enfants décédés au cours de leur première année ont été au nombre de 1.412 parmi les enfants légitimes, et au nombre de 223 parmi les enfants naturels.

Dans la Seine-Inférieure, les enfants décédés au cours de leur première année ont été au nombre de 4.385 parmi les enfants légitimes et de 929 parmi les enfants naturels.

Cette mortalité des enfants naturels du premier âge est si considérable, qu'elle semble condamner les mères désireuses de sauver la vie de leurs enfants à les abandonner à l'Assistance publique. Mais il est triste de songer que l'Assistance publique, qui consent à élever seule les pupilles qu'on lui abandonne, n'a pas de ressources suffisantes pour aider les mères à élever elles-mêmes leurs enfants avec des secours distribués à domicile.

Des sociétés se sont formées pour protéger les enfants et diminuer la mortalité du premier âge. A Rouen le docteur Brunon, et à Caen le docteur Louise ont créé des œuvres dites de la *Goutte de Lait*. Ces œuvres, dirigées par des médecins, ont pour but, après s'être assurées de la pureté absolue du lait destiné aux nourrissons, de le materniser, c'est-à-dire de l'écrémer en partie, d'y ajouter du sucre et de l'eau pour le rendre semblable au lait maternel, puis de le stériliser en petits biberons, chaque

jour, avant de livrer aux parents la quantité de biberons corres-
pondant à l'âge de leurs nourrissons.

Le lait maternisé et stérilisé est livré moyennant de faibles rede-
vances proportionnées à la fortune des parents pour les enfants
légitimes ou reconnus, à peu près gratuitement pour les indigents
et les enfants naturels. On arrive ainsi, non sans peine, à diminuer
dans de notables proportions la mortalité chez les jeunes enfants.

M. Brunon, dans son Rapport annuel sur l'œuvre de la *Goutte
de lait* (1901) dit quelle était l'incroyable mortalité des enfants
à Rouen avant l'organisation de la *Goutte de lait*. Rouen était
une des grandes villes de France où l'on mourait le plus, et
celle où il mourait le plus d'enfants. On pouvait affirmer que
sur 100 enfants qui naissaient à Rouen, il y en avait 33 qui mou-
raient infailliblement dans la première année.

Dès que les enfants étaient malades, les mères les apportaient
à la consultation de l'hôpital dans l'espoir de les faire admettre
à la crèche et pour se débarrasser des frais d'enterrement. Les
petits malades étaient, pour la plupart, dans un état de malpro-
preté qui aurait été révoltant si la pitié n'avait pas dû l'emporter
sur l'indignation en présence de l'état misérable de la mère. Un
grand nombre de ces enfants étaient nés à la Maternité de Rouen.
Les mères en étaient sorties avec un enfant propre et emmail-
loté, mais n'ayant aucune ressource et étant souvent abandonnées
par le père de l'enfant; elles revenaient à l'hôpital quand l'enfant
allait mourir. Pendant les huit ou quinze jours qu'il avait vécu,
le nouveau-né avait été nourri d'eau panée ou de lait tantôt pur
tantôt trop étendu. Et toute la journée il avait tété un biberon
nauséabond.

Les œuvres de la *Goutte de lait* modifieront bien vite, il faut
l'espérer, un tel état de choses. Il n'est que temps, si l'on songe
que les villes de Rouen et du Havre viennent en tête des villes
qui ont plus de 200 décès d'enfants sur 1000 décès, que, parmi les
villes qui enregistrent le plus de décès d'enfants par *causes
inconnues*, c'est-à-dire sans qu'aucun médecin ait été appelé
auprès d'eux, il faut citer Rouen, qui en a 67, alors que Lyon
n'en a pas et que Lille et Nantes n'en ont qu'un. Caen, sur 138
décès d'enfants en a 70 pour causes inconnues !

A côté des médecins qui dirigent l'œuvre de la *Goutte de lait*,
se sont constitués des comités de dames patronnesses et des

comités de jeunes filles enrôlées au service des idées de solidarité et de bienfaisance sociales. Ainsi s'établissent entre de
pauvres mères de famille et les dames patronnesses de salutaires
relations. Les premières, dit le docteur Brunon, reçoivent des
secours, les secondes reçoivent bien des confidences. Pauvres et
riches apprennent à se connaître mieux. La pitié se développe dans
le cœur des unes, la reconnaissance germe dans celui des autres.
A notre époque troublée, heureux et malheureux sont aux prises
un peu partout ; dans le petit coin de la *Goutte de lait* ces deux
classes ennemies se donnent la main, et ce n'est pas pour recevoir
de l'argent que le pauvre la tend au riche.

Mais les enfants naturels non reconnus qui échappent aux
maladies de la première enfance restent dans une infériorité
bien faite pour appeler l'attention de tous ceux qui sont partisans
d'une justice sociale fondée sur l'égalité et la solidarité.

Il faut étudier et résoudre, dans leur intérêt, la fameuse ques
tion de l'abrogation de l'article 340 du Code civil, qui interdit la
recherche de la paternité.

Notre législation, depuis plus de trente ans, a fait des efforts
incessants pour protéger les enfants, et avec raison, car la valeur
physique et morale des futurs citoyens dépend beaucoup des
soins reçus et des impressions ressenties pendant le premier
âge. Tels enfants, tels hommes.

Plusieurs lois datées de 1874 ont été votées pour ralentir la
mortalité des enfants, réagir contre l'étiolement de la race et la
démoralisation de l'individu. La loi du 24 juillet 1889 sur la
protection des enfants maltraités ou moralement abandonnés
leur a donné un complément des plus heureux, en permettant de
destituer de la puissance paternelle les pères et mères qui ont
encouru certaines condamnations et ceux qui, « par leur ivrognerie habituelle, leur inconduite notoire ou scandaleuse, ou
par de mauvais traitements, compromettent soit la santé, soit
la sécurité, soit la moralité de leurs enfants ». Il faut se hâter de
compléter cette législation humaine et secourable sur la protection de l'enfance en effaçant de nos codes cette règle de *l'interdiction de la recherche de la paternité*, qui cache, comme
l'a dit M. le sénateur Bérenger (1), une des iniquités les

(1) Préface de l'ouvrage de M. Pouzol sur la *Recherche de la paternité*.
Paris, Giard et Brière, 1902.

plus saisissantes et les plus émouvantes qui aient, jusqu'à présent, résisté aux progrès, si considérables en d'autres points, de notre civilisation.

Cette iniquité retombe sur la fille séduite, qui est désormais vouée à la honte, à l'isolement, à la misère, et trop souvent jetée sur le chemin du crime ou de la débauche. Elle retombe aussi sur l'enfant, victime innocente de la faute d'autrui. « Elevé au hasard de la rue, dit M. Bérenger, dans une atmosphère inévitable de découragement et de révolte, privé, si sa mère vient à lui manquer ou à succomber à sa détresse, de tout soutien, de toutes ressources, que deviendra-t-il ? Les tableaux de la criminalité et le bilan des troubles publics ne le disent que trop. »

Notre ancien droit, peu tendre cependant pour les bâtards, était plus humain que notre Code civil. Il les excluait de la famille et leur déniait tout droit à la succession de leurs parents, « bastards ne succèdent point », disait Loisel ; mais il leur permettait de rechercher leur père pour en obtenir des aliments (1).

C'est dans la loi du 14 brumaire an II qu'apparait pour la première fois, en termes indirects et vagues, le principe qui prohibe la recherche de la paternité ; mais cette loi donnait en revanche aux enfants naturels reconnus l'égalité absolue de droits avec les enfants légitimes. Les rédacteurs de l'article 340 du Code civil consacrèrent en termes formels la règle prohibitive de la recherche de la paternité, sauf en cas de viol et de rapt, tout en supprimant la faveur extrême faite par la Convention aux enfants naturels reconnus.

Le Tribunat fit une opposition assez vive aux dispositions de la loi Il suffit de citer l'opinion du tribun Andrieux sur l'interdiction de la recherche de la paternité. « Ce principe prétendu, dit-il, n'a été jusqu'à présent ni dans nos lois ni dans nos mœurs ; il a toujours été permis à la fille enceinte ou devenue mère d'actionner celui qu'elle désigne comme le père de son enfant. Je sais que, depuis dix ans, la maxime que la paternité non avouée ne peut être recherchée s'est accréditée parmi nos jurisconsultes ; elle a pour elle, je l'avoue, des autorités respec-

(1) *Traité de la séduction considérée dans l'ordre judiciaire*, par Fournel, avocat au Parlement. Paris 1781.

tables ; cependant, elle a paru, pour la première fois, dans notre législation, presque en même temps que la loi du 22 brumaire an II ; par cette loi, on avait trop fait pour les enfants naturels ; on passa bientôt à une excessive rigueur. La maxime que j'ai citée fut adoptée peut-être comme une compensation des grands avantages faits aux enfants naturels par la loi du 12 brumaire ; elle fut insérée dans les projets du Code civil, présentés à la Convention nationale, et professée par son Comité de législation qui donna des décisions conformes ; elle est même suivie dans l'usage ; mais je ne sache pas qu'elle soit nulle part convertie en une loi formelle qui ait été promulguée et qui soit exécutoire. Elle se retrouve encore dans le dernier projet du Code civil, et l'on avance aujourd'hui qu'elle y sera conservée ; je pense donc qu'il sera nécessaire de la signaler à la porte de la législation, et de l'empêcher d'y entrer. Cette maxime serait très commode pour les libertins, mais très contraire aux droits des femmes, à ceux des enfants, et surtout aux bonnes mœurs. »

Napoléon Bonaparte, avec ses idées de discipline et de hiérarchie, ne concevait la famille que dans un cadre régulier et légitime. Il sacrifia impitoyablement tous les droits individuels qui pouvaient faire obstacle à l'ordre social qu'il avait rêvé. Il refusa brutalement tous droits aux enfants naturels non reconnus, ainsi qu'aux mères. Il brisa la résistance du Tribunat, et imposa au Conseil d'État sa volonté de prohiber d'une manière absolue toute recherche de paternité. On connaît le mot cruel qu'il prononça : « L'intérêt de la société pourrait faire admettre la maxime contraire, si elle devait produire des enfants légitimes ; mais la société n'a pas intérêt à ce que des bâtards soient reconnus (1). »

Napoléon avait un grand mépris pour les femmes, — et, d'autre part, il songeait peut-être que les enfants naturels, complètement abandonnés, sans parents et sans affection, feraient plus tard d'excellents soldats pour lesquels le régiment serait toute la famille. »

Quoi qu'il en soit, le Premier Consul avait fait connaître sa volonté ; le Consul Cambacérès, Tronchet, Regnier, Boulay et les autres conseillers d'État s'inclinèrent. Ils s'écrièrent à l'envi

(1) Fenet, *Travaux préparatoires du Code civil*, t. 10, p. 76 et 77.

que le Premier Consul allait ramener la vertu sur la terre, qu'il
n'y aurait plus guère désormais d'enfants naturels, les filles
sachant qu'elles n'avaient rien à espérer du père. Tout le monde
se marierait, ou tout le monde serait vertueux.

Un siècle a passé sur ces déclamations et ces prophéties
intéressées, et le nombre des enfants naturels est plus grand
aujourd'hui que sous le Consulat.

Le Conseiller d'État Defermon avait exprimé, dans la discus-
sion, un avis plein de bon sens. « S'il est juste, disait-il, d'inter-
dire la reconnaissance forcée de l'enfant, il ne l'est pas toujours
de dispenser de l'obligation des dommages-intérêts. Le principal
motif de prohiber la recherche de la paternité est d'empêcher
que les obligations de père naturel ne pèsent exclusivement sur
un seul, lorsque la mère de l'enfant a eu commerce avec plusieurs.
Ce motif est juste ; mais il n'est pas également juste de refuser,
dans tous les cas, l'action en dommages et intérêts. Une fille bien
née peut avoir eu une faiblesse ; elle peut avoir succombé à la
séduction : l'équité permet-elle de la laisser sans secours ? »

C'est de ces considérations d'équité que s'est inspirée la jurisprudence des tribunaux français, depuis plus de cinquante ans,
pour accorder des dommages-intérêts aux filles séduites, tant à
leur profit personnel que pour donner des aliments aux enfants,
lorsque la séduction s'est produite dans des conditions qui
impliquent la faute et entraînent la responsabilité du séducteur :
il en est ainsi lorsque le séducteur est arrivé à ses fins par suite
d'une promesse formelle de mariage, par suite de violences
morales, en abusant, par exemple, de l'autorité que son âge ou
sa situation de patron lui donnait à l'égard d'une servante.

Il faut bien le dire, cette jurisprudence tourne les prescriptions de l'article 340 du Code civil, à l'aide d'un artifice de pro-
cédure. Elle a beau affirmer que la séduction et la grossesse ne
sont que des éléments du préjudice causé et que la question de
paternité et de filiation demeure en dehors du débat, on ne
saurait contester que l'action en dommages-intérêts de la mère
de l'enfant non reconnu et l'action en déclaration de paternité
reposent sur le même fait indivisible, que le séducteur est l'auteur de la grossesse.

L'évolution persistante de la jurisprudence au sujet de la
recherche de la paternité s'explique par une sorte de pression

unanime de l'opinion publique, qui a voulu corriger ce qu'il y a
de brutal et d'inhumain dans la législation de 1804. Comme l'a
écrit M. Julien Goujon, dans son Rapport sur une proposition
de loi Rivet, « c'est là un symptôme qui ne peut tromper. Quand
une partie de la législation est en parfaite harmonie avec les
mœurs du jour, on peut être sûr de voir les articles qui la com-
posent observés avec la plus extrême ponctualité ; mais si l'opinion vient à s'insurger contre le texte en vigueur, les juges
obéissent bientôt à cette tendance, qui les entraine malgré eux».

Les adversaires de la recherche de la paternité invoquent
aujourd'hui, comme il y a cent ans, la crainte du scandale et du
chantage. Mais ils se bornent prudemment à de vagues alléga-
tions à cet égard. C'est ce que faisait déjà observer le professeur
Delvincourt, un des premiers commentateurs du Code civil :
« Il est très douteux, disait-il, en parlant de l'ancienne législation, que de semblables poursuites aient été souvent dirigées
contre des personnes d'une vertu exemplaire et d'une
réputation intacte. C'eût été trop maladroit de la part des
demandeurs. Il est certain, au contraire, que ces sortes d'actions étaient presque toujours intentées contre des hommes
d'une réputation plus que douteuse et dont la conduite irrégulière
donnait la plus grande probabilité à la demande. »

Je puis ajouter que l'histoire des tribunaux civils pendant la
Révolution ne justifie nullement les craintes de scandale et de
chantage, que l'on semble redouter. J'ai sous les yeux, pour les
publier bientôt, les principaux jugements des tribunaux civils
de Paris pendant la Révolution, et j'ai constaté que les demandes
assez nombreuses en recherche de paternité formées à cette
époque troublée n'ont presque jamais porté à faux.

Est-ce qu'on recule d'ailleurs devant le scandale, lorsqu'il
s'agit des actions en désaveu, des actions en séparation de
corps, des actions en adultère, des actions en recherche de
maternité ? Est-ce qu'on hésite, dans ce dernier cas, à risquer
de déshonorer une femme ? ce qui est certainement beaucoup
plus grave que risquer de troubler la tranquillité d'un
homme.

Une autre objection, plus sérieuse en apparence, c'est l'impossibilité de faire la preuve. « Il y a, dit-on, une raison irréfutable
qui a toujours existé et qui subsistera toujours avec la même

force, parce qu'elle est une loi de la nature, c'est l'impossibilité de fixer d'une façon précise l'époque de la conception. Il y a un voile impénétrable sur la paternité ».

Mais ce voile impénétrable couvre aussi bien la paternité légitime que celle qui ne l'est pas. La loi cependant accepte une présomption prise dans les faits extérieurs, la célébration du mariage, pour ériger en règle d'ordre public la maxime *pater is est*. La paternité légitime ne repose donc que sur une vraisemblance établie sur des indices, suivant le langage employé par Bigot de Préameneu.

Pourquoi ne pas accepter les mêmes présomptions pour la paternité illégitime, lorsqu'il y a cohabitation, et que ce fait peut s'éclairer par des écrits, par un interrogatoire sur faits et articles, par une comparution personnelle, par des témoignages, etc. ?

Notre Code civil présume la fidélité de la femme mariée et l'infidélité de la femme non mariée, et contre la présomption d'infidélité de cette dernière elle n'admet aucune preuve contraire : est-ce logique ? est-ce humain ? Les tribunaux qui condamnent les séducteurs à payer des dommages-intérêts aux filles séduites et abandonnées se forment une conviction à cet égard à l'aide d'écrits, de présomptions et de témoignages ; et, s'ils condamnent, c'est que la preuve est possible en pareille matière.

Si l'on hésite à imposer aux séducteurs une paternité qu'ils repoussent, qu'on leur impose du moins l'obligation de nourrir et d'élever les enfants naturels non reconnus jusqu'à l'âge de seize ans, dans tous les cas où la jurisprudence permet de les condamner à des dommages-intérêts. Que l'on consacre les progrès réalisés par cette jurisprudence en les faisant passer dans un texte de loi précis, qui sera une sauvegarde pour les tristes victimes de l'amour irrégulier, et mettra en pratique la vieille maxime de Loysel : *qui fait l'enfant le doit nourrir*.

On reprendrait ainsi les traditions de notre ancien droit national, que l'Angleterre et l'Allemagne n'ont pas cessé de suivre (1).

On donnerait en même temps satisfaction aux vœux exprimés dans l'enquête ouverte, à l'occasion de ce Rapport, par la grande

_____

(1) *De la condition juridique des enfants naturels dans le Code civil allemand*, par Adrien Roux. Thèse de doctorat de Paris. Arthur Rousseau, 1913.

majorité des instituteurs, des médecins et des magistrats des cinq départements de Normandie.

Il résulte jusqu'à l'évidence de cette enquête que, s'il y avait autrefois à peu près autant de filles séduites qu'aujourd'hui, il y avait moins d'abandons que de nos jours. Cela s'explique parce que l'Assistance publique n'était pas organisée, et que l'entretien des enfants naturels non reconnus retombait à la charge des paroisses, le plus souvent dénuées de ressources. Pour éviter cette charge, chacun s'efforçait d'obtenir que le séducteur réparât le préjudice qu'il avait causé. Il se formait une sorte d'opinion publique qui poursuivait le séducteur et ne lui laissait aucun répit tant qu'il n'avait pas effacé sa faute par le mariage, ou tout au moins pourvu à l'entretien et à l'éducation de l'enfant.

On ne peut pas songer à revenir à cet ancien état de choses, qui ne laissait pas d'être fort imparfait. L'Assistance publique a de grands devoirs à remplir, dont l'importance ira encore en grandissant. Elle doit subvenir à l'entretien des enfants des familles indigentes ; et il y en aura toujours un grand nombre, malgré les améliorations qui pourront être introduites dans les règles relatives à la recherche de la paternité dans l'intérêt de la justice et de l'humanité.

On pourrait peut-être formuler dans les termes suivants les vœux exprimés dans notre enquête : la recherche de la paternité pourra être poursuivie en justice ; la constatation judiciaire de paternité n'imposera au père que le paiement d'une pension alimentaire déterminée d'après la condition de la mère et les ressources du père, jusqu'à ce que l'enfant soit parvenu à l'âge de seize ans révolus ; le père n'aura aucun droit sur l'enfant, et celui-ci n'aura aucun droit dans la succession de son père ; la mère naturelle pourra réclamer pour elle-même des dommages-intérêts proportionnés au préjudice moral et matériel qu'elle a éprouvé (1).

Il y aurait enfin à organiser la tutelle légale des enfants naturels reconnus et non reconnus. Car on sait que la tutelle organisée par le Code civil n'est applicable qu'aux enfants légitimes. Quant aux autres, ils attendent qu'on veuille bien songer à eux.

(1) C'est dans ce sens que s'est prononcé, au mois de mai 1903, le *Conseil national des femmes françaises*, qui a pour présidente Mme Sarah Monod et pour secrétaire générale, Mme Avril de Sainte-Croix.

V

LES PROGRÈS DE L'ALCOOLISME ET LES REMÈDES PROPOSÉS

Il nous faut aborder maintenant et étudier le mal de l'alcoolisme qui aggrave tous les autres vices.

Tout a été dit depuis longtemps sur l'alcoolisme, et il ne saurait être question de rajeunir un tel sujet. Je me propose seulement de rapporter avec impartialité et de résumer de mon mieux ce qui a été dit et écrit dans de longues et sérieuses enquêtes poursuivies à travers les cinq départements de la Normandie.

Baudrillart se plaignait déjà, en 1880, des progrès faits par l'intempérance en Normandie, surtout sous la forme des boissons alcooliques, consommées à domicile ou dans les cafés.

Cette habitude, disait-il, a quelquefois gagné jusqu'aux femmes. Elle se présente chez celles-ci sous des traits particulièrement repoussants, et développe dans ce cas des conséquences encore plus préjudiciables pour la famille. Elle produit l'altération du caractère, qui se témoigne par des alternatives d'excitation et de torpeur. La mère néglige alors ou maltraite les enfants. Trop souvent aussi son inconduite en est la suite. Les germes mêmes qu'elle porte dans son sein se ressentent de la manière la plus fâcheuse des habitudes d'ivrognerie... Le bon marché de l'alcool l'a singulièrement favorisé. On fabrique de l'eau-de-vie très forte connue sous le nom de *calvados*. Il y a sans doute des raisons qui expliquent cette augmentation considérable de l'ivrognerie. Le climat en reste une des causes ; mais elle a toujours existé... Le grand nombre des cafés et cabarets dépasse toute mesure : on en trouve jusqu'à dix et quinze dans des communes de trois cents âmes. Sans doute, des établissements plus considérables et moins nombreux réuniraient souvent une clientèle aujourd'hui dispersée ; mais ils se prêteraient mieux à la surveillance... L'intempérance trouve un autre excitant dans l'accroissement du nombre des marchés... Ce sont des motifs perpétuels de déplacements, des causes de mauvaises habitudes pour les petits propriétaires, les petits cultivateurs, les moyens propriétaires aussi ! C'est au café que tous traitent leurs affaires. Bientôt ils s'accoutument à y aller sans motifs. Les ouvriers agricoles s'y rendent eux-mêmes ces jours-là ou vont dans les cabarets. Ils y trouvent une occasion d'excitations funestes et de dépenses... La partie ouvrière des populations agricoles est la plus atteinte par ce fléau... Le café et le cabaret n'en sont pas les seuls théâtres. Le foyer même n'en préserve pas toujours. Les propriétaires ont dans leurs caves leurs réserves d'eau-de-vie. C'est une tentation pour la femme qui reste à la maison, pour les journaliers, pour les domestiques ; le cultivateur a fort à faire de mettre ses tonneaux à l'abri des larcins... En somme, le mal est grand, et on en voit l'influence dans les attentats aux mœurs, dans les actes de brutalité et de violence qui se manifestent par les coups et blessures. Dans la Seine-Inférieure, ce sont surtout les grandes villes qui en souffrent. Rouen possède en ce genre une triste notoriété ! Pour les populations rurales, l'Eure et le Calvados sont surtout infectés de ce mal. Il s'y traduit trop souvent par ces maladies que connaissaient peu autrefois les campagnes. Les affections nerveuses, le *delirium tremens*, la folie qui naît de l'alcoolisme sont des fléaux contemporains et ils vont croissant (1). »

Depuis 1880, le mal s'est encore aggravé ! On est unanime à le proclamer dans les écrits publiés sur ce sujet navrant : *L'alcoolisme dans la Seine-Inférieure*, par Tourdot, thèse de doctorat de la Faculté de médecine de Paris 1886 ; — *L'alcoolisme en Basse Normandie*, par Félicien Pierre, docteur en médecine de la Faculté de Paris, 1896 ; — *L'alcoolisme ouvrier en Normandie*, par le docteur Raoul Brunon, directeur de l'École de médecine de Rouen, 1899 ; — *L'alcoolisme chez les femmes en Normandie*, par le docteur Raoul Brunon, 1899 ; — *Un département en danger. L'alcool et l'alcoolisme dans la Manche*, par Léon Deries, inspecteur d'Académie de la Manche, 1901 ; — *Contribution à l'étude de l'alcoolisme en Normandie, notes et documents sur le bilan de l'alcoolisme dans l'Eure au XIXᵉ siècle*, par

(1) *La Normandie*, pages 116 à 122.

le docteur Raoul Leroy, médecin adjoint de l'asile d'aliénés d'Evreux, 1902.

Les preuves tirées de ces brochures sont confirmées et corroborées par les témoignages des instituteurs, des médecins, des maires et des magistrats, qui ont été recueillis dans les enquêtes. Nous n'avons que l'embarras du choix, entre tous ces documents, pour tracer un tableau exact des ravages de l'alcoolisme en Normandie.

Si un étranger entrait pour la première fois dans un café ou un cabaret de Normandie, il verrait autour de lui tous les consommateurs se faire servir un café ou un demi-café, et il pourrait concevoir une haute idée de la sobriété des Normands. Mais cette illusion serait vite dissipée, s'il poussait plus loin son observation. En effet, la tasse de café est toujours accompagnée d'un flacon de calvados, *petit pot* ou *demoiselle*, décilitre ou demi-décilitre. Une première gorgée de café est à peine bue, qu'on comble le vide de la tasse avec de l'eau-de-vie pour en *réchauffer* le contenu. A mesure que de nouveaux vides se produisent, on s'empresse de les combler de la même manière jusqu'à ce qu'il n'y ait plus que de l'eau-de-vie dans la tasse. On peut dire qu'en Normandie boire du café signifie boire de l'eau-de-vie.

On prend encore du café à la mode normande sous une autre forme : on ajoute à une ration ordinaire de café un ou deux décilitres d'eau-de-vie, le tout chauffé ensemble à la température voulue ; c'est ce qu'on appelle le *jambinet* ou *le tout ensemble*, que les ouvriers prennent chaque jour au chantier, et aussi les charretiers, rouliers et voyageurs qui ne peuvent faire un long séjour au cabaret.

Vient ensuite le *phlipp*, mélange de cidre et d'eau-de-vie, dans la proportion de 3 contre 1, qu'on prend chaud et sucré. Ce breuvage, qu'on a surnommé le punch normand, amène aussi rapidement que sûrement une ivresse particulière, caractérisée surtout par la perte de la mémoire.

C'est surtout les jours de marché, que l'intempérance normande se donne libre carrière et que le café à l'alcool coule à flots.

Rien ne ressemble plus à un marché normand qu'un autre marché normand, qu'une foire normande à une autre foire normande. M. Léon Deries en a tracé une esquisse fidèle pour la Manche ; et il suffit de la reproduire ici pour l'appliquer à toute la région avec la même vérité.

Partout où il se vend et s'achète du bétail, du blé, du beurre, des pommiers, partout où s'échangent les produits de la terre, il se fait une telle consommation d'alcool dans l'espace de douze heures ou de vingt-quatre heures, qu'elle échappe au calcul. Quand les auberges et cabarets ne suffisent point à recevoir la clientèle, on installe sur les places de grandes et larges tentes où l'on sert au moins autant à boire qu'à manger. Les petits fûts d'alcool y côtoient les grandes futailles de cidre. Sur les tables longues comme des tables de noces et non moins bien remplies, les tasses de café s'alignent en files interminables, et les petits carafons d'un décilitre, les *petits pots*, sont juste aussi nombreux que les tasses. Les cafetières de cuivre, de vrais monuments, semblent destinées à l'ordinaire d'un escadron.

Achats et ventes ne se terminent jamais sans formalités, et le sou de café agrémenté d'un verre d'eau-de-vie conclut toutes les opérations. Aussi les bouchers et marchands de bestiaux sont-ils en quelque sorte voués à l'alcoolisme. Pour beaucoup d'entre eux, c'est peut-être, au moins à une certaine date, un plaisir de boire En tout cas, c'est en tout temps pour tous un devoir professionnel. Autant de bêtes achetées, autant de *sous de café*. Il n'est pas étonnant après cela que ceux d'entre eux qui achètent une douzaine de bêtes aient absorbé dans leur journée un grand demi-litre d'eau-de-vie. Les paysans qui viennent vendre leurs bœufs, leurs vaches, leurs veaux ou leurs chevaux ne vont pas, comme les professionnels, jusqu'à une douzaine de consommations, mais ils boivent pour le moins, tantôt ici, tantôt là, une demi-douzaine de cafés, tous composés selon la formule. Aux garçons d'écurie, aux gardes de chevaux et de voitures, on donne rarement de l'argent. Le plus communément, on leur offre à boire en échange des services rendus. Les soirs de marché et de foire, ils sont tous ivres, eux aussi.

C'est ce qui fait que le métier de cabaretier est si lucratif en Normandie et qu'il y a plus de débitants que partout ailleurs. Il en a toujours été ainsi. Avant la loi du 17 juillet 1880, qui a autorisé l'ouverture de tout débit de boissons après une simple déclaration, il y avait déjà à peu près autant de débits que depuis la promulgation de cette loi.

Dans le département de la Seine-Inférieure, il y avait 11,280 débits en 1874. Ce chiffre s'est élevé jusqu'à 12,458 en 1894 et est redescendu à 11,708 en 1902.

Dans le département de l'Eure, il y avait 4,298 débits en 1874. Ce chiffre s'est élevé jusqu'à 4,949 en 1882 et est redescendu à 4,448 en 1902.

Dans le département de l'Orne, il y avait 4,130 débits en 1874. Ce chiffre s'est élevé jusqu'à 4,857 en 1882 et est redescendu à 4,080 en 1902.

Dans le département de la Manche, il y avait 6,585 débits en 1874. Ce chiffre s'est élevé jusqu'à 7,218 en 1890 et est redescendu à 6,557 en 1902.

Dans le département du Calvados, il y avait 5,084 débitants en 1874. Ce chiffre s'est élevé jusqu'à 6,940 en 1892 et est redescendu à 6,076 en 1902, soit pour cette dernière année, un cabaret pour 67 habitants, sans compter les cabarets clandestins, qui ne laissent pas d'être fort nombreux. Notons que, dans certains cantons, ceux d'Evrecy, de Troarn et de Villers-Bocage, il y a un débit pour 30 habitants.

Il est vrai que, dans tous ces départements, sauf dans la Seine-Inférieure, la population a diminué depuis 1880, ce qui doit élever la proportion ascendante du nombre des débits, surtout dans le Calvados. Mais, en définitive, il ne semble pas que l'on puisse accuser la loi du 17 juillet 1880 d'avoir contribué dans une large mesure au développement de l'alcoolisme en Normandie.

D'ailleurs, tout en reconnaissant que la surabondance des débits de boissons est une tentation pour la partie la moins éclairée de la population, il n'en est pas moins vrai que la consommation alcoolique n'est pas toujours en rapport avec le nombre des débits. On a remarqué, par exemple, qu'en Suisse la quantité d'hectolitres d'alcool absorbés était plus forte dans les cantons qui avaient le moins de débits. Il suit de là que ceux qui ont préconisé la restriction des débits de boissons comme un remède contre l'alcoolisme, ont proposé une mesure inefficace ou tout au moins bien insuffisante. La vérité, c'est que l'intoxication alcoolique des populations normandes est plus ancienne que la loi de 1880. Je n'en veux pour preuve que ce curieux passage d'un article d'Amédée Achard, inséré en 1852 dans le *Musée des familles* : « Quand on n'est pas herbager en Normandie, il faut être aubergiste. La cuisine est en permanence. On ne vide les verres que pour remplir les brocs. Si l'on vend des bœufs, c'est au cabaret ; si l'on achète des bœufs, c'est au cabaret. Le cabaret est la Bourse. Si l'on se rencontre, c'est pour entrer au cabaret ; si l'on part, on entre au cabaret ; si l'on se dispute, on entre au cabaret ; si l'on arrive, on s'embrasse au cabaret ; si l'on pleure, on se console au cabaret. Le cabaret consomme ce que l'herbage produit. On ne saurait parler sans boire. Comme en Belgique on offre une chope de bière à son voisin, en Normandie, on offre une tasse de café au passant. Le café coule comme de l'eau. Un jour de marché, il n'est pas rare de voir les fermiers et les maquignons avaler quinze ou seize tasses de café. On en connaît même qui, dans les grandes occasions, en absorbent vingt-cinq ou trente. Le café aide aux transactions ; mais ces sortes d'opérations commerciales sont encouragées par les *demoiselles* du Calvados. Honni soit qui mal y pense ! Il ne s'agit ici ni de Paphos, ni de Cythère : les demoiselles du Calvados sont des petits verres très grands, qui contiennent à peu près la valeur de deux ou trois verres à liqueur ordinaires. On ne saurait se souhaiter le bonjour, ou conclure un marché, sans prendre une *demoiselle* du Calvados, pleine jusqu'au bord de cognac ou d'eau-de-vie de cidre. Les vingt tasses de café ont pour compagnes sept ou huit demoiselles du Calvados. En Normandie, les estomacs sont doublés de zinc et le gosier à l'épreuve du feu. A la fin d'un repas, l'usage veut que les convives prennent le café, le pousse-café, la poucette, la rincette et la surrincette. »

Le fermier et le paysan ne commettaient alors, c'est-à-dire il y a plus de cinquante ans, de véritables excès que les jours de marché ou de foire et à l'occasion des grandes fêtes. Dans l'intervalle de ces orgies, ils n'avaient guère comme boisson que du cidre étendu d'eau et contenant à peine trois ou quatre degrés d'alcool par litre. Cette période de sobriété intermittente permettait à l'organisme de réparer les désordres qu'il avait subis. On sait que les excès alcooliques habituels, journaliers, même minimes, sont plus dangereux que ceux qui ne se produisent que de loin en loin avec une intensité beaucoup plus grande.

Aujourd'hui, et surtout depuis trente ans environ, l'eau-de-vie a supplanté peu à peu le cidre, chez les débitants d'abord et ensuite au foyer domestique, à tel point qu'on peut dire que les Normands s'alcoolisent tout à la fois au cabaret et à domicile. Autrefois, on pouvait compter les ivrognes ; aujourd'hui, on ne le pourrait plus.

Le mal est venu en grande partie de la loi du 14 décembre 1875, qui, en rétablissant le privilège des bouilleurs de cru, a mis gratuitement l'alcool à la disposition des cultivateurs. Une loi toute récente du 31 mars 1903 a modifié le privilège et l'a réduit à une consommation familiale exonérée d'impôt de 20 litres d'alcool pur par an, ce qui équivaut à 40 litres d'eau-de-vie ordinaire. Mais on a laissé subsister le privilège pour les petits bouilleurs qui ne cultivent pas un plus grand nombre d'arbres fruitiers qu'il n'est nécessaire pour la production de 50 litres d'alcool pur. Cette consommation familiale sera toujours comme une porte ouverte à la fraude et aux abus. On n'aura rien fait tant qu'on n'aura pas supprimé d'une manière absolue le privilège des bouilleurs de cru, en soumettant tous les distillateurs, quels qu'ils soient, à la déclaration préalable et à l'exercice.

Songez donc que presque tous les cultivateurs normands sont devenus bouilleurs de cru. On ne peut avoir à cet égard des chiffres rigoureusement exacts, les bouilleurs de cru ayant été dispensés jusqu'ici de toute déclaration. Mais l'administration des contributions indirectes en a fait un relevé approximatif, qui est plutôt au-dessous qu'au-dessus de la vérité.

Dans le département de la Seine-Inférieure, le nombre des bouilleurs de cru, qui était de 199 seulement en 1874, s'est élevé à 14,390 en 1901 et à 13,520 en 1902.

Dans le département de l'Eure, le nombre des bouilleurs de cru, qui était de 9,160 en 1874, s'est élevé à 30,866 en 1892. Il a été de 25,603 en 1901 et de 25,707 en 1902.

Dans le département de l'Orne, le nombre des bouilleurs de cru, qui était de 22,000 en 1874, s'est élevé à 41,000 dans les années 1900, 1901 et 1902

Dans le département de la Manche, le nombre des bouilleurs de cru, qui était de 9,000 en 1874, s'est élevé jusqu'à 35,000 en 1900. Il a été de 29,900 en 1901 et de 28,500 en 1902.

Dans le département du Calvados, le nombre des bouilleurs de cru, qui était de 15,750 en 1874, s'est élevé jusqu'à 32,805 en 1901 et 32,863 en 1902.

D'après les évaluations faites par la Régie dans le département du Calvados, 4.000 bouilleurs de cru sont présumés avoir un approvisionnement égal ou inférieur aux 20 litres d'alcool pur adoptés comme chiffre de consommation de famille. Il y a donc 20.000 bouilleurs de cru et au delà dans le Calvados qui possèdent des approvisionnements supérieurs à 20 litres et allant jusqu'à 300 hectolitres et au delà. On peut évaluer à 125.000 hectolitres d'alcool pur les quantités d'alcool détenues par ces 20,000 bouilleurs de cru, en dehors de la consommation familiale. Et tout cet alcool est, pour la plus grande partie, un objet de fraude.

On peut affirmer que, dans les pays d'herbages, chaque bouilleur de cru tient une sorte de débit clandestin d'eau-de-vie. « Si vous séjournez quelque peu dans une maison de culture du pays d'Auge, quelle qu'elle soit, dit un juge de paix, vous voyez arriver à tout instant une femme ou un enfant qui s'arrêtent au seuil de la porte et demeurent interdits en voyant un étranger. Ils balbutient quelques mots et annoncent qu'ils reviendront p'us tard. Ce sont des consommateurs qui venaient chercher de l'eau-de-vie *à cache-pot* . »

On sait à Caen, plus que partout ailleurs, quelles luttes passionnées la question des bouilleurs de cru a soulevées au Parlement. Les députés et les sénateurs de la Normandie ont soutenu, avec une ardeur et une éloquence dignes d'une meilleure cause que les cultivateurs avaient le droit de disposer à leur gré de la récolte, fruit de leur travail. Mais lorsqu'on voit le mal fait au pays par l'alcoolisme, lorsqu'on sait que cet alcoolisme a pour principal facteur l'excès d'eau-de-vie absorbée ne doit-on pas convenir qu'il est déraisonnable de laisser le bouilleur de cru consommer et faire consommer à sa guise l'eau-de-vie provenant de sa récolte ? La Normandie doit diminuer sa consommation d'alcool : c'est pour elle une question de vie ou de mort Pourquoi donc s'obstinerait-on à fournir presque gratuitement aux habitants des campagnes un breuvage qui amène fatalement leur déchéance physique, intellectuelle et morale ?

Si l'on veut venir en aide à l'agriculture normande, il y a bien d'autres moyens d'y parvenir que de lui faire un cadeau aussi nuisible. Le jour où les bouilleurs de cru payeront l'impôt de l'eau-de-vie fabriquée par eux, ils en feront une moindre consommation. Dès lors, le but que se proposent les moralistes et les hygiènistes ne sera pas loin d'être atteint.

En attendant ce jour lointain, voyons comment les Normands d'aujourd'hui abusent de l'alcool fabriqué par eux en si grande abondance. L'ouvrier des fermes ne consent à travailler que si son patron lui fait servir à chacun de ses repas du café à l'eau-de-vie. Il gagne plus s'il veut s'abstenir de café et d'eau-de-vie ; mais ils sont bien rares ceux qui sont capables de cette sobriété.

Dans le pays d'Auge, dit un juge de paix, existe un usage qui réserve de singulières surprises à ceux qui, sans le connaitre, font exécuter des travaux de culture. En plus du salaire stipulé pour le travail, il est dû à l'ouvrier, à moins de convention contraire, un *pot* de cidre (deux litres) par franc et un litre d'eau-de-vie par chaque vingtaine de francs. Ainsi un ouvrier fauche votre pré à tant la *perche* ou à forfait, il bottelle votre foin, ouvre des fossés, élague vos haies. Si, d'après les conventions, vous lui devez cent francs, vous n'êtes pas quitte envers lui en lui remettant cinq louis : vous lui devez encore deux cents litres de cidre et cinq litres d'eau-de-vie de cidre.

S'il faut en croire M. l'Inspecteur Deries, le paysan, avant de partir pour les champs, prend de plus en plus l'habitude de remplacer la soupe par la tasse de café ou de l'y ajouter, quand il n'y joint pas le *petit pot* d'eau-de-vie pure. Au retour du travail, au grand repas de la matinée, il absorbe encore sa tasse de café, qui devient toujours une tasse d'eau-de-vie. Il repart accompagné dans les prés et sur les sillons par les grands pots de cidre et les petits pots d'eau-de-vie. L'alcool le suit et s'attache à ses pas partout où il a quelque besogne à accomplir. Tous ceux qui l'entourent et l'aident dans ses travaux boivent avec lui. Grands et petits valets, grandes et petites servantes, journaliers et journalières, tout le monde se gorge d'eau-de-vie avant, pendant et après la tâche entreprise, jusqu'aux enfants, garçons ou filles, qui gardent les vaches à l'herbage, bottellent le foin dans les prés ou entassent dans un coin de l'aire les gerbes de blé ou de sarrasin.

Les habitants des campagnes se livrent, dans le courant de l'année, à toute une série d'orgies, à propos des baptêmes, des mariages, des premières communions et des inhumations, des fêtes locales ou des festins destinés à célébrer le commencement ou la fin des grands travaux des champs. Toutes ces fêtes sont des fêtes de l'eau-de-vie, et il est de principe que quiconque veut bien traiter ses hôtes doit les enivrer. Le tableau de ces festins normands a été bien souvent reproduit.

Dans ces repas plantureux, l'abondance des plats le dispute à la quantité des boissons alcooliques. Avant les rôtis, chaque convive fait *son trou* en buvant un ou deux petits verres d'eau-de-vie. Le maître de la maison se fait un point d'honneur de ne servir, dans ces grandes occasions, que du cidre de choix, ce qu'on appelle du cidre *nourri*, qui enivre facilement. Mais cela ne suffit pas : il faut que l'ivresse soit complète et mémorable, que les buveurs s'affaissent et roulent sous la table. On ajoute alors discrètement, malicieusement de l'eau-de-vie au cidre, pour hâter la griserie générale. Au dessert, la fatale tasse de café apparaît, et le chef de la maison fait le plein avec sa carafe de *blanche*, dès que les convives ont absorbé quelques gorgées de café. Puis viennent l'hôtesse, les jeunes filles et les grands garçons, qui circulent autour de la table, offrant l'eau-de-vie de leur baptême, de leur première communion ou de leur mariage.

Dans la Seine-Inférieure, on célèbre par des orgies incomparables le commencement et surtout la fin de la moisson. Rien n'approche, dit le docteur Tourdot, de ces bacchanales insensées où tant de monde se grise à l'envi. Autrefois, on fêtait l'Epiphanie dans les campagnes par des orgies qui duraient huit jours. Aujourd'hui, cette fête ne dure que deux jours ; les orgies monstrueuses mais momentanées cèdent la place aux habitudes d'intempérance quotidienne.

Dans l'Orne et la Manche, c'est la batterie du sarrasin qui est la fête des fêtes. M. l'inspecteur Deries a reproduit la description écrite par un instituteur de cette région. « La batterie de sarrasin, dit-il, est un véritable enivrement dans nos campagnes. On y songe longtemps à l'avance, puisque, en prévision de ce jour de fête, on fait à l'automne précédent la barrique de pur jus qui servira pour la circonstance. On choisit les pommes qui donneront le cidre le plus capiteux. Tout individu qui assiste à une batterie est parti avec la conviction qu'il rentrera chez lui complètement ivre. Autrefois, on ne donnait que du cidre aux batteries de sarrasin. Maintenant on

y sert du café également. J'ai vu plusieurs de ces batteries.
A l'une d'elles, où le maître de la maison réunissait le soir à sa
table ses deux domestiques, sa bonne et sept batteurs, on a
vidé une barrique de cidre de 114 litres, de deux heures de
l'après-midi à minuit et on a bu cinq litres d'eau-de-vie blanche.
Il a fallu hisser dans un banneau la plupart des batteurs. Ceux
qui demeuraient loin sont restés à cuver leur eau-de-vie dans
la grange ou dans le fenil. On se raconte, dans ces batteries, les
prouesses accomplies par les buveurs dans des circonstances
analogues. Personne n'essaye de réagir, car un propriétaire qui
ne renverrait pas son monde absolument à quatre pattes aurait
manqué au premier de tous ses devoirs. »

M. Deries ajoute que les autres *corvées*, c'est-à-dire les travaux
extraordinaires où l'on n'admet en général que des *gens
d'honneur*, qu'on ne paie point, ressemblent fort aux batteries de sarrasin quant au dénouement. En dehors des corvées,
la main-d'œuvre mercenaire se paie elle même assez souvent en
liquide. Quand il rentre chez lui, plus d'un ouvrier ne rapporte
point d'argent ou n'en rapporte que fort peu. En revanche, son
panier contient plus d'un pot d'eau de vie. On l'a payé en nature.
Il n'aura peut-être pas de pain, mais l'eau-de-vie en tiendra lieu,
Il la partagera avec sa femme et ses enfants. A la campagne,
beaucoup de tâches fortuites ne sont pas rétribuées. Que l'on
vous apporte une corde de bois, un tonneau de cidre, qu'on vous
charrie du fumier, du varech, qu'on vous rende un service quel-
conque, la collation suit invariablement le service rendu et il
n'y a nulle part de collations sans un ou deux litres d'eau-de-
vie pour une demi-douzaine de personnes. C'est ainsi que tout
se paie en monnaie d'alcool

Le dimanche, les paysans normands vont à la messe. Mais il
n'y vont pas tous par dévotion, et la plupart vont remplir les
cabarets du voisinage, qui ne se vident pas aussi vite qu'ils se
remplissent. A onze heures, l'office est terminé, et ces braves
gens ne quittent le cabaret que vers une heure, après avoir
consciencieusement employé leur temps à vider des petits pots.

Un des côtés les plus lamentables de l'alcoolisme normand,
c'est l'habitude invétérée de faire boire aux enfants et même
aux nourrissons des boissons fermentées. Ce ne sont pas
seulement les instituteurs et les juges de paix qui le déplorent,

ce sont surtout les médecins, qui y voient avec raison une des causes les plus accentuées de la dépopulation en Normandie.

Le nouveau-né a à peine reçu le baptême religieux à l'église qu'il reçoit le baptême de l'alcool au cabaret voisin, où le cortège fait halte avant de rentrer à la ferme. Parrain et marraine, en compagnie des amis et connaissances, prennent place autour de la table. Tasses de café, *petits pots* et *demoiselles* sont servis ; on ouvre la bouche de l'enfant, on y glisse une cuillerée du breuvage normand. Il crie, ou il fait la grimace. Quand par hasard sa grimace a l'air d'un sourire, les commères qui se connaissent en diagnostics lui prédisent un glorieux avenir. On peut voir là, avec M. Deries, le symbole du culte universel de l'alcool, de la foi populaire en la souveraine puissance de l'eau-de-vie.

Quand la mère ne peut allaiter elle-même son enfant, elle ne se contente pas de le nourrir avec le lait si sain et si pur des vaches de Normandie ; elle détourne chaque jour quelques bonnes gouttes de sa ration personnelle d'eau-de-vie à l'usage de son nourrisson. Les médecins et les pharmaciens le savent bien ; s'ils prennent le biberon pour le flairer, le biberon sent l'alcool à plein nez.

Il n'est pas rare que, dès la fin de la première année, l'enfant partage presque complètement le régime des parents. Il boit alors du cidre et du café, auquel on ajoute un peu d'eau-de-vie. Le soir, lorsqu'il faut le coucher, pour mettre fin à ses cris et vaincre sa résistance maussade, on lui administre du vin sucré ou de l'eau-de-vie. L'enfant est-il souffrant sans qu'on sache pourquoi ? Il doit avoir des vers. Or, entre autres propriétés, l'eau-de-vie à celle de tuer les vers, aux yeux des bonnes gens. C'est donc le cas de forcer la dose, et on la force. On procède de même pour les rhumes, les bronchites, les coliques, la dysenterie. Quoi d'étonnant que l'enfant soit atteint un jour de quelque crise qui l'emporte ?

Dès que l'enfant a atteint l'âge de 4 ou 5 ans, il reçoit une ration d'eau-de-vie à la table des parents chaque fois que l'occasion s'en présente. Quelle joie pour eux de voir le tout petit partager leur repas et boire comme un homme !

La vieille soupe normande, que l'on servait autrefois chaque matin, tend à disparaître. C'est le bol de café noir qui la remplace. Pour faire de la soupe, il faut encore un certain temps, tandis qu'on fait du café en un clin d'œil Or, le café ne va jamais pour personne sans addition d'eau-de-vie à dose variable. C'est ainsi que tous les jours, en nombre d'endroits, avant de prendre le chemin de l'école, garçons et fillettes boivent comme tout le monde une tasse de café plus ou moins alcoolisée.

Dans le département de l'Eure, le docteur Leroy a interrogé des bambins de huit à dix ans se rendant à l'école; la moitié environ prenaient à la maison, comme petit déjeuner, du pain trempé dans une tasse de café mêlé d'eau-de-vie. Il a interrogé les instituteurs et il évalue au tiers des enfants ceux qui boivent de l'alcool après les repas. Les petites filles sont victimes des mêmes pratiques. Plusieurs maîtresses d'école lui ont affirmé avoir vu des élèves ivres l'après-midi et incapables de suivre la classe.

Dans le département de l'Orne, le docteur Félicien Pierre a vu des enfants de dix à onze ans s'installer au cabaret, se faire servir du café, de l'eau-de-vie, singeant la conduite de leurs pères, s'alcoolisant comme eux. Les fillettes elles-mêmes sont atteintes par la contagion. « Fouillez, dit-il, le panier de cette enfant que vous rencontrerez allant avec d'autres à l'école, souvent vous y trouverez la *topette* au café fortement additionné d'eau-de-vie, quelquefois même contenant de l'eau-de-vie pure.

« J'ai assisté, écrit un instituteur de la Manche, à plusieurs dîners chez des cultivateurs aisés de ma commune, et j'ai constaté qu'au café non seulement tous les enfants en avaient leur part, mais qu'aucun d'eux ne le buvait avant que le père eût versé lui-même *une bonne goutte*. » Dans une commune voisine de Saint-Lô, dit l'inspecteur d'Académie de la Manche, sur une quarantaine de garçons qui fréquentent l'école, un seul, à la connaissance du maître, ne boit pas d'eau-de-vie quand on lui sert le café. Dans plusieurs communes du Mortainais, la plupart des petites filles elles-mêmes n'arrivent jamais en classe sans avoir vidé leur tasse de café à l'eau-de-vie. Ailleurs, dans l'arrondissement de Coutances, « une demi-douzaine d'écoliers sont placés chez l'aubergiste au repas de midi. L'aubergiste a reçu la recommandation expresse de leur donner leur café avec certainement trois centilitres d'alcool, parce que le petit est faible et ne mange pas. » Sur ce point de l'alcoolisme dès l'enfance, les témoignages abondent.

Le bouilleur de cru prodigue plus que personne l'eau-de-vie à ses enfants et à tous les siens. Il n'a pas versé d'argent pour acheter ce produit ; et à ceux qui lui manifestent leur étonnement de voir servir 50 centilitres environ d'eau-de-vie à un enfant, il répond : « Oh ! cela ne peut pas lui faire de mal, c'est naturel, c'est fait chez nous, etc. » Cependant, ces eaux-de-vie sont le plus souvent de 50 à 60 degrés.

Les ouvriers des villes abusent de l'alcool plus encore que les ouvriers des champs. Les excès alcooliques sont d'ailleurs plus graves pour les premiers que pour les seconds, toutes proportions gardées. Les uns et les autres sont placés dans des conditions hygiéniques différentes, comme le fait observer le docteur Tourdot. « En effet, quelle comparaison établir entre le travail au grand air et le travail de l'atelier, entre l'alimentation générale-ment saine et surtout abondante de l'ouvrier campagnard, et les aliments parcimonieux, préparés à la hâte, et souvent sophis-tiqués de l'ouvrier des villes? Ici, un logement étroit et coûteux, des habillements insuffisants pour combattre le froid et l'humidité; là, un logement plus vaste où l'air et la lumière se distribuent d'une façon moins avare, des habits plus chauds et plus appro-priés au climat. »

L'ouvrier des villes est peut-être plus excusable de demander à l'alcool l'oubli de ses souffrances et le réconfort de ses misères. On peut plaider en sa faveur les circonstances atté-nuantes. M. Jules Rochard, un membre de l'Institut, l'a fait dans une page tout à fait éloquente (1), que je veux reproduire ici :

« L'ouvrier des villes, lorsqu'il se réveille après un lourd sommeil, encore fatigué de son travail des jours précédents et dans l'atmosphère viciée de son logement garni, éprouve une sorte de prostration, un malaise indéfinissable qui lui rend la reprise de ses occupations très pénible. Ses vêtements sont humides, car il a plu la veille, il les endosse et sort en frisson-nant. C'est l'hiver, le jour commence à poindre, la pluie tombe, fine et drue, sur le pavé glissant. Il fait sombre, il fait froid. L'ouvrier songe à la rude journée qui commence et à celles qui la suivront. Le passé sans joie, le présent misérable, l'avenir

1. *Revue des Deux-Mondes*, année 1886, *L'alcool*.

menaçant, tout cela flotte dans sa tête et il va devant lui, triste
et découragé. Un cabaret se rencontre sur sa route, c'est le
refuge. Il y entre, se fait servir un verre d'eau-de-vie et l'avale
d'un trait. Alors tout change. Un sentiment de chaleur, de bien-
être, une sensation de vigueur accrue remplacent le malaise de
tout à l'heure ; les idées deviennent moins sombres ; les papillons
noirs s'envolent avec les vapeurs de l'alcool ; le travailleur, un
instant consolé, reprend le collier de misère avec un soupir de
soulagement et se rend à l'atelier. Que celui-là lui jette la
première pierre qui, dans sa rude vie de soldat ou de marin, n'a
jamais été forcé de demander à l'alcool un soutien momentané et
la force nécessaire pour continuer sa tâche. Cependant, c'est là
qu'est le péril. Cette eau-de-vie, prise à jeun, tombant dans un
estomac vide et reposé, y cause une sensation de brûlure qui,
se reproduisant tous les jours, ne tarde pas à amener la gas-
tralgie, en attendant des désordres plus sérieux. Enfin, cette
habitude mène tout droit à l'alcoolisme. L'impression de bien-
être et de réconfort, produite par le premier verre, ne tarde pas
à s'épuiser et il faut revenir à la charge ; puis vient le moment
où l'ouvrier quitte son travail. S'il est garçon, il n'a pour
perspective que le garni infect dont nous l'avons vu sortir le
matin, et il entre dans le premier débit venu. S'il est marié et s'il
a commencé à boire, c'est pis encore. Ce qui l'attend au logis,
c'est la mansarde obscure et froide, la femme maussade parce
qu'elle souffre, les enfants déguenillés, hâves et demandant du
pain. A cette pensée, son cœur se serre et, quoique sachant fort
bien que cette misère est le produit de son vice, il ne se sent
pas le courage d'en affronter la vue et il retourne au cabaret. Là
tout contraste avec son triste intérieur. C'est la clarté chaude et
joyeuse, le bruit des verres, les rires et les propos des camarades.
Il y trouve, en un mot, avec le luxe en moins, tout ce que les gens
du monde vont chercher dans les cercles. Dans les cabarets, on
boit, on joue, on fume, on cause, on règle les destinées du pays,
et puis on boit encore, l'ivresse arrive, et, lorsque la nuit est déjà
avancée, l'ouvrier honteux, titubant, farouche, rentre au logis,
s'irrite contre les malheureuses victimes de son intempérance
et leur apporte une honte et un mauvais exemple de plus. Bientôt
l'habitude s'enracine ; chaque jour les séances au cabaret
deviennent plus longues, les libations plus copieuses et la misère

plus profonde au logis. En même temps, la santé s'altère et les entrées à l'hôpital se multiplient, jusqu'au jour où l'alcoolique succombe, en abandonnant sa famille à la charité publique, en léguant à l'Etat de jeunes recrues pour l'armée du vice et souvent du crime. »

Les observations faites à Rouen par les docteurs Tourdot et Brunon sur l'alcoolisme ouvrier s'appliquent à tous les centres ouvriers de la Normandie. Le Havre, Caen, Dieppe, Elbeuf, Lillebonne, Cherbourg n'ont rien à envier à Rouen. Le bilan qu'ils ont dressé de la journée alcoolique d'un ouvrier est tout à fait navrant.

Le matin, disent-ils, les ouvriers prennent de l'eau-de-vie en quantité variable, de qualité inférieure, âcre et devant augmenter la sensation de la soif. Dans la matinée, à l'atelier, la bouteille remplie de café alcoolisé ou de toute autre boisson alcoolique et entrée en fraude circule des uns aux autres jusqu'à épuisement. A onze heures, au moment de la sortie précipitée des ateliers, les débitants ont préparé à l'avance un nombre suffisant de verres d'absinthe, plus rarement de vermout ou de bitter; les ouvriers ne perdent pas une minute et avalent rapidement. Les cabaretiers inscrivent chacun à son tour dans un ordre immuable, et le jour du règlement des comptes à quinzaine, *ils patent une tournée générale* pour s'attacher les clients et se justifier, à leurs yeux, d'avoir majoré leurs notes. L'habitude de prendre des apéritifs est de date récente. Depuis une quinzaine d'années seulement, l'ouvrier a voulu imiter la classe bourgeoise, le commerçant, le commis voyageur, l'employé.

Le repas de midi coûte 25 centimes : il consiste en un morceau de pain avec un hareng saur ou bien une ou deux *alignolles* composées de 30 grammes de mie de pain, dix grammes de viande rouge et dix grammes de graisse de porc. Mais on dépense 50 centimes pour le café et l'eau-de-vie. La deuxième partie de la journée est la répétition de la première. Elle se termine à six heures du soir par une pérégrination dans les cabarets qui se trouvent sur le chemin du logis.

Le samedi soir, jour de paye de la quinzaine, les ouvriers restent toute la soirée au café pour régler leurs comptes, boire et chanter jusqu'à une heure avancée de la nuit, car ce jour-là on ne dîne pas. Le plaisir d'avoir de l'argent, la perspective de ne pas travailler pendant deux ou trois jours, le besoin de s'égayer *un brin*, l'action des alcools ingérés, donnent une excitation spéciale qui ne cessera que le lundi ou le mardi suivants.

Veut-on avoir une idée de la dépense journalière faite par les ouvriers pendant leurs pérégrinations incessantes dans les débits de boissons ? Au mois de janvier 1899, M. le docteur Cerné a trouvé, dans les poches d'un couvreur mort à l'Hôtel-Dieu de Rouen des suites d'une fracture du crâne, le carnet très régulièrement tenu de ses dépenses quotidiennes. Du 10 au 16 janvier, cet ouvrier avait dépensé 16 fr. 60 pour sa consommation d'alcool, soit 2 fr. 50 par jour, c'est-à-dire de quoi subvenir aux besoins de toute une famille pauvre pendant toute une journée.

M. Claude (des Vosges) signalait déjà cette plaie, dans son célèbre rapport présenté au Sénat en 1887 (1). « Les jours de paye, disait-il, au retour du chantier, de combien de tournées s'allège le salaire si laborieusement gagné ? Les débits sont là, tout le long de la route, et comme les ronces d'un sentier sauvage qui, en arrachant quelques lambeaux d'étoffe, font parfois couler un peu de sang, eux aussi font chaque fois, aux malheureux qu'ils dépouillent au détriment de lui-même et de sa famille, une blessure moins apparente, mais cependant sûre et profonde, et dont les suites ne tarderont pas à se manifester ».

La plupart des ouvriers des villes ne travaillent pas ou travaillent mal le lundi. Les conséquences d'une telle habitude sont désastreuses pour le commerce et l'industrie de la région et pour la vie sociale de l'ouvrier.

Comme l'intérêt des ouvriers, celui des patrons et de l'industrie elle-même sont solidaires, un patron qui ne gagne pas de l'argent n'en peut pas faire gagner à ses ouvriers. Voici à cet égard la déclaration d'un industriel intelligent recueillie à Rouen par M. le docteur Brunon : « L'alcoolisme est une cause capitale d'infériorité pour l'industrie française. Elle tend à la ruine du patron et au chômage de l'ouvrier. L'ouvrier, sous l'influence de

---

(1) *Journal officiel*, session ordinaire de 1887. Documents parlementaires, Annexe n° 42.

l'alcool, produit annuellement moins. Par suite du chômage, il touche moins ; il mange au cabaret une partie de sa paye : donc appauvrissement pour lui. Le patron, par suite du chômage de l'ouvrier, a plus de peine à faire exécuter les travaux en temps utile. Ils lui coûtent plus cher ; donc réduction des bénéfices. Mon industrie a perdu la moitié de ses fabriques, dont le produit a été remplacé par une importation équivalente de produits étrangers obtenus à bas prix, grâce à la différence de main-d'œuvre ».

« Il n'y a plus de bons ouvriers à Rouen, dit un autre industriel. Tous boivent. Ils sont plus payés qu'autrefois. Ils travaillent moins et moins bien. Les miens touchent 4 fr. 50 à 6 fr. par jour. Sur les quais, ils touchent 4 fr. 30. Tous sans exception sont des ivrognes. Toute la question sociale est dans l'alcoolisme des ouvriers. »

N'allez pas croire que cette situation soit particulière aux grands centres ouvriers. Elle se reproduit dans les moindres centres urbains. Voici en effet ce qu'écrit le juge de paix de Saint-Lô : « La régularité du travail laisse beaucoup à désirer à Saint-Lô, comme partout ailleurs. Les chômages des dimanches et fêtes y sont souvent prolongés d'un, deux ou trois jours, notamment au moment de la remise du salaire, à la fin de la quinzaine ou du mois. L'assiduité de l'ouvrier, quand il travaille, est bien inférieure à celle d'autres pays. Nulle part, les suspensions de travail ne sont aussi fréquentes ni aussi longues pour les repas ; et nulle part on ne voit, sur les chantiers, les ouvriers boire d'heure en heure, de demi-heure en demi-heure, du cidre et du café additionné d'eau-de-vie. Plusieurs entrepreneurs ont essayé de réagir contre ces déplorables habitudes ; ils ont été impuissants à réduire la durée des suspensions de travail et à prohiber la boisson au cours du travail. Ces habitudes sont si invétérées que les ouvriers n'hésiteraient pas à déserter les ateliers où l'on voudrait les combattre. Cependant, un entrepreneur étranger au pays a eu le courage de résister ; mais il n'emploie guère que des ouvriers recrutés en dehors de la Normandie. Il les paie plus cher et il y trouve encore son profit, leur travail étant plus productif. D'un autre côté, il n'a jamais ou presque jamais à déplorer d'accident dans ses chantiers. En réalité, la main-d'œuvre est d'un prix élevé dans la Manche, bien que le taux nominal

en soit très modéré. Cela tient à la faible capacité de production
de l'ouvrier, par suite des fâcheuses habitudes que je viens d'in-
diquer, habitudes qui le rendent mou, indolent. Ses travaux
traînent; l'ouvrier n'a qu'un maigre salaire, insuffisant pour
nourrir sa famille, surtout lorsqu'il a prélevé ses dépenses de
cabaret. Il a recours à la charité publique ou à la charité privée.
Il n'essaie pas de lutter. L'énergie absente ne soutient plus la
dignité, et celle-ci disparaît. Les enfants, accoutumés à ce spectacle, ne lutteront, ne travailleront pas plus que leurs pères; ils
travailleront peut-être moins encore. Voilà comment, dans notre
beau et riche pays... les habitudes de travail vont se perdant dans
la classe ouvrière et, avec elles, les fortes vertus morales qu'elles
engendrent ».

M. Tourdot a étudié avec un soin spécial les mœurs des ouvriers
des ports, *les soleils*, comme on les appelle en Normandie. Il n'a
pas craint de se mêler à eux chez le cabaretier pour les mieux
observer. Il nous a dépeint cette masse grouillante d'hommes
déguenillés qui se pressent le long des comptoirs de zinc, tandis
que les femmes attendent à la porte avec les enfants. Il n'y a rien
de plus révoltant, surtout pour ceux qui connaissent la misère
des malheureux ouvriers, que le spectacle de ces êtres buvant et
s'agitant entre le débitant qui trône au comptoir et touche
l'argent, et le groupe de femmes qui semblent mourir de faim
sur le trottoir, à la porte de la boutique. Et ce tableau, on peut
l'observer aussi bien à Rouen qu'au Havre, à Caen, à Honfleur, à
Cherbourg.

Ces ouvriers des ports n'ont pas de domicile le plus souvent;
ils couchent l'hiver dans les wagons à marchandises et l'été sous
les meules de foin des prairies voisines. Quelques-uns couchent
pêle-mêle dans des bouges de la ville, moyennant quatre sous.
Dans le vieux Rouen existait, dit M. Tourdot, un hôtel qui était
le modèle du genre; les *soleils* l'appelaient l'*hôtel de la Puce
qui renifle*. Le prix de la nuit y était de deux sous. Les *soleils*
gagnent de cinq à sept sous par heure et ne travaillent que pour
boire. Ils ne dépensent pas plus de quatre ou cinq sous pour la
nourriture; tout le reste passe aux mains du cabaretier en
échange de boissons horribles.

Les charbonniers sont comme l'élite des ouvriers des ports.
Tandis que les *soleils* travaillent à l'heure ou à la demi-heure,

juste de quoi gagner pour boire, les charbonniers travaillent à la journée. Ce sont le plus souvent de beaux hommes musclés, d'une force et d'une agilité remarquables. On peut les voir sur les quais émerger un à un de la cale des bâtiments portant le sac de charbon sur l'épaule gauche et l'apportant, au pas gymnastique, dans le tas à quai. Ils peuvent gagner 8 à 12 francs par jour. Ils se nourrissent assez bien, ils boivent du café cinq ou six fois par jour avec 20 centimes d'eau-de-vie chaque fois. Relativement sobres pendant le jour, ils se *grisottent* tous le soir, et quelques-uns boivent chaque soir ce qui leur reste de leur paye.

On voit quelquefois de ces ivrognes faire de l'eau-de-vie une boisson de table ; l'un d'eux, qui portait le surnom mérité d'Hercule, dit M. Tourdot, buvait à chaque repas un ou deux grands verres d'eau-de-vie. Cet homme vigoureux tomba, vers 48 ans, dans un état de décrépitude effrayant. Il pouvait à peine marcher et se tenir debout ; il ne mangeait presque plus ; puis il eut une toux fréquente et opiniâtre, des crachats abondants ; il entra à l'hôpital et mourut. Tel est d'ailleurs le sort de la plupart de ces malheureux.

Les femmes, qui vont attendre leurs hommes à la porte du débit, se fatiguent d'attendre ; elles entrent et finissent par boire comme Gervaise avec Coupeau. Il y a nombre d'ivrognesses parmi elles. On les peut voir « abruties, muettes, immobiles dans un coin du débit comme des statues, puis chancelant tout d'une pièce, les plus ivres soutenues par les autres qui leur servent de supports ».

Voulez-vous connaître les ravages de l'alcoolisme parmi les marins et les matelots de Normandie ? Écoutez M. le docteur Brunon : « Les matelots qui partent des ports normands pour la pêche d'Islande ou de Terre-Neuve emportent avec eux de l'eau-de-vie sans payer de droits. Grâce à cette incroyable tolérance, les femmes des matelots peuvent, au moment du départ de leurs hommes, s'approvisionner d'alcool à un prix infime. C'est la prime à l'empoisonnement. A Saint-Valéry l'eau-de-vie coûte ainsi 40 centimes le litre..... A Fécamp, on arme pour la grande pêche des mers du Nord, surtout pour la pêche du hareng, pour Terre-Neuve et l'Islande. Les hommes ne touchent leur paye qu'après la campagne finie. Ils sont donc

6

forcément et relativement sobres. A Trouville, on fait la *pêche
fraîche*, c'est-à-dire que chaque jour les bateaux apportent à
quai le poisson et touchent leur paye immédiate et proportionnelle aux résultats de la vente du poisson. Ils boivent tout. C'est
au Havre qu'ils abordent, au grand quai. Or, de la rue de Paris
au bassin du Commerce, on trouve bien 80 cafés pour 100 maisons.
L'alcool et l'influence corruptrice des baigneurs qui apportent
l'argent supprimeront sous peu *le matelot trouvillais*. A Dieppe,
le Pollet était célèbre. Le Polletais ne l'était pas moins, l'alcool
l'a supprimé !..... Le Polletais est devenu sédentaire, paresseux,
alcoolique. Ceux qui pêchent encore se servent de bateaux à
vapeur. Le vrai matelot a disparu ».

A l'autre extrémité de la Normandie, sur les côtes du département de la Manche, l'alcoolisme n'exerce pas de moindres
ravages. M. l'inspecteur d'académie Deries avait signalé, dans sa
brochure, toutes les petites localités du littoral, tous les endroits
où l'on se livre à la pêche du poisson, à la recherche des coquillages, à la récolte du warech, comme prédestinés à l'alcoolisme.
Il signalait en particulier la commune de Gouville, qui compte
environ 1600 habitants, parmi lesquels une centaine d'alcooliques
sont arrivés à un degré de déchéance complet, et 700 autres,
dont 400 hommes et 300 femmes, sont des buveurs invétérés,
tous prédestinés à la dégénérescence et y arrivant à tour de
rôle. D'après lui, sur 500 familles, il y en avait 200 qui buvaient
environ 300 litres d'eau-de-vie par an, avec une consommation
quotidienne moyenne de 75 centilitres à un litre.

Ce tableau n'était certes pas flatteur. Cependant, le *Journal de
Coutances* du 25 février 1903 a démontré qu'il était encore
flatté. Il a établi que, pendant l'année 1902, la recette de Gouville
avait perçu plus de 40.000 francs de droits sur les alcools, ce
qui représente 182 hectolitres d'alcool pur. Comme l'eau-de-vie
livrée à la consommation oscille entre 40 et 45 degrés seulement,
il n'est pas téméraire d'affirmer que les habitants de Gouville
ont bu 40.000 litres d'eau-de-vie en 1902.

A ces chiffres, il faut ajouter l'eau-de-vie que les habitants de
Gouville achètent au dehors, à Coutances, Périers, Lessay, La
Haye-du-Puits, etc., dont les droits ont été acquittés dans ces
villes. Si on évalue cette eau-de-vie au dixième environ de la
consommation totale, les 1600 habitants de Gouville consomment

en moyenne 280 litres chacun par an. Si on retranche les
enfants, on arrive à une moyenne de 310 litres par tête et
par an.

Le *Journal de Coutances* se demande où la plupart de ces
malheureux buveurs se procurent l'argent indispensable pour
satisfaire leur passion de l'alcool. Pour la plus grosse part, dit-il,
l'argent sort des entrailles de la mer. Le varech et le lichen sont
une source inépuisable de revenus pour nos riverains ; le poisson,
les coquillages donnent le reste. La culture n'est guère produc-
tive ; l'industrie est à peu près nulle. Sans l'alcool, Gouville serait
une des communes les plus riches du département ; or, c'est
peut-être celle où il y a le plus de pauvres secourus par le bureau
de bienfaisance et assistés par le service médical gratuit, celle
où il y a le plus de foyers sans feu et de planches sans pain !

Il y a quelque chose de plus grave, de plus alarmant encore,
c'est l'alcoolisme de la femme, qui consomme la ruine de la
la famille en Normandie. Cela résulte des enquêtes de M. le
docteur Brunon, de M l'inspecteur Deries et de celles qui ont
été faites pour les Assises de Caumont.

D'une manière générale, dit M. le docteur Brunon, toutes les
ouvrières boivent du café trois fois par jour régulièrement. Elles
déclarent ne pas pouvoir prendre du café *vierge* et préférer
supprimer le tout que de supprimer l'eau-de-vie dans le café.
Une bouteille contenant du café et de l'eau-de-vie, qu'on appelle
le tout ensemble, circule d'ailleurs toute la matinée et toute
l'après-midi dans les ateliers.

Les femmes qui restent à la maison n'ont pas l'excuse que
peuvent invoquer les ouvrières des manufactures. Et cependant,
elles abusent encore plus de l'alcool que ces dernières. Dans
neuf maisons sur dix de ménages ouvriers, la bouteille d'eau-
de-vie est installée dès le matin sur la table ; et, tout le jour, la
femme restée à la maison absorbe la bouteille par petites
lampées.

On croit généralement que les femmes boivent moins que les
hommes, parce que chez elles le vice est caché avec plus ou
moins de soin. Il faut malheureusement abandonner cette dernière
illusion ; tous ceux qui ont étudié les faits avec quelque soin
disent que la femme, en Normandie, boit plus que l'homme.
Ceci s'explique par la tentation, qui a pour point de départ

la boutique de l'épicier, celle du marchand de légumes, qui vendent ou donnent à boire et attirent la clientèle par ce moyen. A l'occasion d'une petite emplette, on vide rapidement un verre, on en videra un autre chez un autre fournisseur, on multipliera les emplettes pour que les petits verres soient multipliés, et on accumulera les dettes. L'influence du fournisseur exerce la même influence sur les domestiques, et en particulier sur les cuisinières et les femmes de ménage. Les cuisinières qui ne boivent pas sont rares.

A la campagne, l'usage répété de l'eau-de-vie est tout particulièrement répandu chez les femmes de matelots, chez les femmes des travailleurs des champs, chez les domestiques. Mais les fermières, grandes et petites, participent au goût général. Les médecins de campagne, les chefs de travaux agricoles, les grands agriculteurs, tous s'accordent à dire que l'alcoolisme va grandissant. Et il n'y a pas de différence à établir entre les divers centres. Peut-être boit-on un peu plus dans la plaine de Caen que partout ailleurs. L'incroyable privilège des bouilleurs de cru est la source de tout le mal (1).

Les témoignages recueillis par le docteur Brunon sont confirmés par ceux des instituteurs et des juges de paix. « Allez à la ville un jour de foire ou de marché, écrit M. Deries, à Avranches, à Carentan, à Coutances, à Montebourg, à Périers, n'importe où vous voudrez. Partout s'offrira à vous le même spectacle. A toutes les tables sont alignés côte à côte les *sous de café*, les *petits pots* et les *demoiselles*. Maris et femmes boivent de concert et ils boivent à peu près autant. La foire revient tous les mois, le marché toutes les semaines, et il n'est pas rare que fermiers et fermières fréquentent chaque mois plusieurs foires, sinon chaque semaine plusieurs marchés. Déjà préparée par les cafés domestiques du matin et du midi, l'habitude de l'alcool devient un besoin et le besoin devient lui-même irrésistible. C'est alors qu'à l'insu du mari, la femme commence à boire clandestinement, tantôt au dedans, tantôt au dehors, tantôt seule, tantôt avec des amies. La scène est bien connue. Elle est toujours la même..... L'homme et les domestiques sont aux champs retenus tout le jour pour leur travail accoutumé. L'après-midi est longue. Il

(1) *L'alcoolisme chez les femmes en Normandie*, par le docteur Raoul Brunon.

faut l'égayer un peu. Les voisines se rassemblent aujourd'hui chez l'une, demain chez l'autre. Celle-ci fournit le sucre, celle-là le café, l'hôtesse de céans fournira l'eau-de-vie. On remplit les tasses, on les vide pour les remplir encore, et en voilà pour des heures. Au dehors, pour la femme qui d'ordinaire n'aime pas à boire au grand jour, l'épicerie tient lieu d'auberge. Elle s'y approvisionne et elle y consomme sur place. »

Il est établi, de l'aveu de tous, que l'alcoolisme des femmes a fait des progrès alarmants dans l'espace des vingt dernières années. Sur dix divorces ou séparations de corps prononcés aux torts des femmes, il y en a huit où les excès alcooliques ont été retenus comme un grief sérieux rendant la vie commune insupportable.

Il est bien difficile, pour ne pas dire impossible, de savoir ce que chaque personne adulte consomme d'eau-de-vie chaque jour, chaque semaine et chaque année. On n'a pas de documents suffisants pour faire des évaluations précises. Les contributions indirectes ne peuvent faire connaître d'une manière exacte que le chiffre des quantités d'alcool qui ont acquitté les droits de régie. L'eau-de-vie fabriquée par les bouilleurs de cru ne peut être soumise qu'à des évaluations incertaines, parce qu'elle a échappé jusqu'ici à tout contrôle et qu'elle a été versée dans le torrent de la circulation, soit en vertu du privilège des bouilleurs, soit par suite de la fraude, qui est pratiquée largement en Normandie.

Voici, d'après les indications fournies par la Régie, le tableau des quantités d'alcool consommées dans les cinq départements de Normandie pendant les dix dernières années :

	ANNÉES	POPULATION	QUANTITÉS D'ALCOOL PUR imposées à 100 degrés	QUANTITÉS consommées par les récoltants indemnes d'impôt (parévaluation)	TOTAL de la consommation réelle et présumée	QUOTITÉ de la consommation réelle et présumée par habitant
			hectolitres	hectolitres	hectolitres	
CALVADOS	1893	428.945	41.150	4.954	46.104	11 litres »»
	1894	»	32.304	6.268	38.572	9 — »»
	1895	»	36.327	7.725	44.052	10 — »»
	1896	»	33.133	8.254	41.387	10 — »»
	1897	417.176	37.431	11.984	49.415	12 — »»
	1898	»	45.313	13.580	58.893	14 — »»
	1899	»	43.625	4.845	48.470	12 — »»
	1900	»	38.342	5.395	43.737	10 — »»
	1901	»	32.957	17.341	50.298	12 — »»
	1902	410.178	28.742	21.788	50.530	12 — »»
EURE	1893	349.471	32.927	2.409	35.336	10 — 11
	1894	»	27.478	3.271	30.749	8 — 80
	1895	»	27.126	4.615	31.741	9 — 08
	1896	340.652	28.370	3.920	32.290	9 — 48
	1897	»	30.798	3.730	34.528	10 — 40
	1898	»	33.680	3.854	37.534	11 — 02
	1899	»	35.699	1.809	37.508	11 — 01
	1900	»	33.022	2.928	35.950	10 — 55
	1901	334.781	24.342	3.055	27.397	8 — 80
	1902	»	25.269	2.925	28.194	8 — 42
SEINE-INFÉRIEURE	1893	839.876	114.104	»	»	»» — »»
	1894	»	110.947	»	»	13 — 19
	1895	»	111.626	»	»	13 — 25
	1896	»	113.937	»	»	13 — 44
	1897	837.824	116.604	»	»	14 — 31
	1898	»	120.494	»	»	14 — 57
	1899	»	123.437	»	»	14 — 78
	1900	»	123.119	»	»	13 — 52
	1901	»	105.711	»	»	12 — 74
	1902	853.883	101.488	»	»	11 — 77

	ANNÉES	POPULATION	QUANTITÉS D'ALCOOL PUR imposées à 100 degrés	QUANTITÉS consommées par les récoltants indemnes d'impôt (par évaluation)	TOTAL de la consomma- tion réelle et présumée	QUOTITÉ de la consommation réelle et présumée par habitant
			hectolitres	hectolitres	hectolitres	
ORNE	1893	354.387	21.888	3.917	25.805	7 litres 28
	1894	»	13.501	5.547	19.048	5 — 37
	1895	»	12.447	4.736	17.183	4 — 85
	1896	»	12.819	5.430	18.249	5 — 15
	1897	339.162	16.546	5.550	22.096	6 — 51
	1898	»	23.566	4.115	27.681	8 — 16
	1899	»	25.602	5.093	30.695	9 — 05
	1900	»	20.035	7.960	27.995	8 — 26
	1901	»	12.991	12.200	25.191	7 — 42
	1902	326.952	11.981	10.746	22.727	6 — 95
MANCHE	1893	513.815	37.475	3.000	40.475	7 — »»
	1894	»	31.901	4.000	35.901	6 — »»
	1895	»	33.604	3.800	37.404	7 — »»
	1896	»	31.853	4.800	36.653	7 — »»
	1897	500.052	34.874	3.100	37.374	7 — »»
	1898	»	41.732	2.800	44.532	8 — »»
	1899	»	43.280	2.200	45.480	9 — »»
	1900	»	34.558	5.500	40.058	8 — »»
	1901	»	30.898	6.300	37.798	7 — »»
	1902	491.372	29.313	4.700	34.013	7 — »»

D'après ce tableau, on ne peut se faire qu'une idée approxi-
mative de la consommation de l'alcool en Normandie. Il faut
évidemment avoir recours à des appréciations individuelles et
locales. La consommation en effet est nécessairement variable;
elle est plus abondante pour certaines localités et pour certains
individus que pour d'autres.

En ce qui concerne le département de la Manche, par exemple,
les instituteurs et l'inspecteur d'Académie estiment que, bon
an, mal an, il ne s'y consomme pas moins de neuf millions de
litres d'eau-de-vie, supposée à 50 degrés, soit en moyenne

18 litres environ par habitant. Ce chiffre est certainement au-dessous de la réalité ; il représente en effet, à peu de chose près, les quantités inscrites dans les statistiques de la Régie comme réellement consommées par les habitants de la Manche. Il ne tient pas un compte suffisant des quantités d'alcool introduites dans la circulation à l'aide de la fraude. Rien ne se vide aussi vite qu'une bouteille ou un fût où l'on puise tous les jours.

Les instituteurs et l'inspecteur d'Académie de la Manche constatent d'ailleurs que, pour avoir consommé 36 litres au bout de l'année, il suffit d'avoir bu seulement un demi-décilitre par jour, la valeur d'une simple *demoiselle*. Celui qui boit chaque jour son décilitre, ou, comme on dit, son *petit pot*, n'a pas absorbé moins de 75 litres en 365 jours. De la population totale, retranchez la population enfantine, c'est-à-dire le sixième, éliminez ceux qui ne boivent pas ou ne boivent que fort peu, si peu nombreux soient-ils dans la masse générale, et vous obtiendrez le chiffre représentant ce que doivent consommer annuellement d'eau-de-vie, non seulement ceux qui ont la réputation de boire, mais ceux-là même qui, dans l'opinion, passent bien à tort pour ne pas boire.

Dans certains coins du Mortainais et de la Hague, le pays du légendaire *café à la mort*, où l'eau-de-vie remplace l'eau dans la cafetière, il existe bon nombre de gens, cultivateurs aussi bien que pêcheurs, qui ne consomment pas moins d'un demi-litre d'eau-de-vie par jour. Dans ces mêmes régions, ceux qui vont jusqu'au quart de litre sont relativement nombreux. Quant aux buveurs dont la dépense peut s'estimer à deux décilitres, ils sont tellement nombreux qu'il ne faut même pas songer à en faire une classe à part. Il n'est pour ainsi dire pas de ménage rural où il ne se consomme au moins 20 litres par an. Les consommations de 50 à 75 litres par feu ne sont pas loin d'être la règle. Seules les familles d'alcooliques atteignent ou dépassent les chiffres presque invraisemblables de deux à trois hectolitres.

Le juge de paix de Saint-James (Manche) évalue à 5 centilitres par jour et par habitant la consommation de l'eau-de-vie dans son canton, en ajoutant que les hommes absorbent à eux seuls la moitié de l'eau-de-vie consommée, les femmes plus du quart et les enfants le surplus.

Le président du tribunal civil d'Avranches évalue à un demi-litre par semaine et par tête la quantité d'alcool absorbée en moyenne par les hommes et les femmes de son arrondissement. Un maire lui a dit que, dans sa commune, il y avait à peine autrefois quatre femmes qui buvaient; mais, depuis l'augmentation démesurée du nombre des bouilleurs de cru, toutes les femmes boivent.

Dans le département de l'Orne, les appréciations se rapprochent beaucoup de celles de la Manche.

Le juge de paix du canton d'Exmes, tout en reconnaissant qu'il n'est pas assez documenté pour dire exactement ce que chaque personne adulte consomme d'alcool, déclare que « tel homme sobre n'en boit pas un litre par mois, tandis que tel autre en consomme jusqu'à un litre par jour ».

Les juges de paix du Merlerault et de la Ferté-Macé sont d'accord pour dire que la quantité d'eau-de-vie absorbée dépend du milieu, des habitudes et du tempérament des buveurs. Ils affirment « qu'un ménage sobre composé de quatre personnes adultes consomme annuellement 50 à 60 litres d'eau-de-vie, ce qui représente 1 litre par mois et par personne. Il faut compter le double pour des buveurs modérés, soit 2 litres par mois chacun. Quant aux buveurs de profession, leur ration journalière est d'un quart, d'un demi-litre et même d'un litre tout entier. La consommation des femmes est la même que celle des hommes ».

Suivant le juge de paix d'Écouché, « les hommes boivent en moyenne 20 centilitres d'eau-de-vie du cidre à 65 degrés, par jour, un litre et demi par semaine, sans compter le superflu du dimanche. Certains individus, absolument abrutis, vont même jusqu'à un demi-litre par jour. Quelques femmes boivent leurs 20 centilitres par jour ou un litre et demi par semaine. »

« Les hommes, dit l'instituteur de Joué-du-Bois, boivent en moyenne deux décilitres d'eau-de-vie par jour, un litre et demi par semaine. J'établis une moyenne ; car j'en connais qui boivent leur demi-litre tous les jours. Les femmes boivent en moyenne un décilitre par jour. »

« Les personnes ayant des habitudes d'intempérance, dit l'instituteur de Bazoches-en-Houlme, boivent environ deux litres d'eau-de-vie par semaine; les femmes et les jeunes gens un litre. »

« Hommes et femmes, dit l'instituteur de Selle-la-Forge, absorbent à peu près une égale quantité d'alcool. Il semble n'y avoir rien d'exagéré à fixer à cinq centilitres par jour et par personne la consommation en alcool. »

« Il y a des hommes qui boivent un demi-litre et même un litre par jour, dit un instituteur du canton de Tourouvre. En moyenne, les hommes boivent trois litres par semaine, les femmes et les jeunes gens près de deux litres. »

D'après le juge de paix et le receveur des contributions indirectes de Sées, la quantité d'eau-de-vie ayant payé les droits et consommée dans le canton est de 15 litres par personne et par an. Mais il faut au moins doubler ce chiffre, si l'on tient compte de l'eau-de-vie fabriquée par les bouilleurs de cru et qui n'a pas payé de droits.

D'après le receveur de l'enregistrement de Courtomer, les hommes consomment environ deux litres d'eau-de-vie par semaine, soit 80 litres par an. Il en est ainsi pour les trois quarts de la population mâle. Quant aux femmes et aux enfants, ils boivent environ trois centilitres par jour, soit dix litres par an.

Les appréciations venues du département de l'Eure ne sont pas plus rassurantes. Il y a des ouvriers de fabrique qui boivent un litre d'eau-de-vie par jour, d'autres un demi-litre.

Un notaire d'Épaignes dit que chaque homme boit en moyenne un quart de litre d'eau-de-vie à 55 degrés tous les jours et les femmes à peu près autant. Quant aux enfants, ils boivent cinq à six centilitres.

Un ancien avoué de Pont-Audemer dit qu'il est difficile de donner des chiffres précis. Tandis que certains buveurs, hommes ou femmes, absorbent un litre d'alcool par jour et sont dans un état d'ivresse perpétuelle, d'autres absorbent des quantités moindres, et leur ivresse, peu apparente, n'exerce ses ravages qu'à la longue.

Le capitaine de gendarmerie de Pont-Audemer complète l'appréciation de l'ancien avoué. « Il est des hommes, dit-il, qui boivent un demi-litre d'eau-de-vie par jour; beaucoup en boivent un cinquième de litre. La consommation moyenne pour un homme semble être par jour de 20 centilitres et par semaine d'un litre 40. D'une manière générale, les femmes et les jeunes gens boivent moitié moins d'alcool que les hommes. »

Le juge de paix du canton de Routot dit que, dans son canton, la consommation annuelle de l'eau-de-vie s'élève à 60 litres environ par ménage composé d'un homme, d'une femme et d'un enfant.

Le juge de paix du canton de Rugles évalue à trois litres par semaine l'alcool que boit un homme valide. Il en est, ajoute-t-il, à qui un litre par jour suffit à peine.

Dans le département de la Seine-Inférieure, on sait déjà, par les observations des docteurs Tourdot et Brunon, à quels excès se livre la population ouvrière de Rouen et du Havre.

Dans l'arrondissement de Dieppe, la situation n'est pas meilleure. Le président du tribunal civil de Dieppe et le juge de paix de Longueville estiment que, dans beaucoup de communes, la consommation individuelle et annuelle est de trente litres d'eau-de-vie, et que, dans certaines autres communes, ce chiffre doit être doublé.

Le juge de paix de Bellencombre affirme avoir connu un ménage sans enfants qui absorbait tous les jours un litre d'alcool.

Dans le canton de Tôtes, les hommes boivent un demi-litre d'eau-de-vie par jour; les femmes et les jeunes gens en boivent un quart de litre.

Dans le canton de Darnetal, les ouvriers consomment en moyenne 20 centilitres d'eau-de-vie par jour, soit 1 litre 40 par semaine. Les femmes consomment 5 centilitres par jour et les enfants 3 centilitres.

A Neufchâtel-en-Bray, il y a des ménages sans enfants qui boivent jusqu'à 2 litres d'eau-de-vie par jour. Le président du tribunal civil a constaté à maintes reprises, au cours de divers procès, que les patrons et les fermiers payaient avec de l'eau-de-vie une partie du salaire des ouvriers. Ces abus tendent à s'implanter dans les établissements industriels et agricoles du pays.

Dans le canton de Londinières, les hommes boivent en moyenne 60 litres d'alcool par an, les femmes de 20 à 25 litres et les enfants adultes près de dix litres.

A Elbeuf, on évalue la consommation moyenne à plus d'un litre par semaine pour les hommes et à deux tiers de litre pour les femmes et les jeunes gens.

Dans le département du Calvados, la situation se présente aussi sous les couleurs les plus sombres.

A Carpiquet, on dit que les ouvriers boivent trois ou quatre décilitres d'eau-de-vie, les jours ordinaires, et que, « les jours de bombe », ils en absorbent au moins un litre. La consommation moyenne d'une semaine est de trois litres d'eau-de-vie par homme. Les femmes qui se livrent à l'intempérance sont plus nombreuses que les hommes. On peut citer, dans ce village, plus de trente femmes buvant au moins 4 litres d'eau-de-vie par semaine.

A Louvigny, il y a des ouvriers qui boivent un litre d'eau-de-vie dans une seule journée. Il en est de même de leurs femmes. Tout l'argent gagné est dépensé en eau-de-vie.

A May-sur-Orne, les hommes boivent en moyenne deux litres d'eau-de-vie par semaine, les femmes et les jeunes gens un demi-litre.

A Saint-Pierre-de-Mailloc, si on excepte les ivrognes invétérés, les hommes boivent en moyenne 1 litre d'eau-de-vie à 70 degrés chaque semaine, les femmes un demi-litre et les enfants un tiers de litre.

A Vassy, les hommes et les jeunes gens boivent en moyenne chaque semaine, un litre d'eau-de-vie à 64 degrés, les femmes 1 décili... par jour. On peut citer quelques cultivateurs qui boivent leur litre tous les jours; ce sont des exceptions.

Dans le pays d'Auge, près de Pont-l'Evêque, on cite le cas d'un cultivateur qui était en même temps chantre à l'église et qui est mort à 89 ans. Il avait commencé à boire avec excès dès l'âge de trente ans, et il prétendait avoir bu depuis lors cent hectolitres d'eau-de-vie, soit une moyenne d'un demi-litre par jour. Ses enfants sont morts très jeunes, victimes de l'alcoolisme.

On évalue, dans ce pays, la consommation de l'alcool à 4 ou 5 décilitres par jour pour les hommes adultes et à 1 demi-litre par jour pour les femmes qui s'adonnent à la boisson. Certains patrons et fermiers paient tout ou partie du salaire des ouvriers avec de l'eau-de-vie et du café servis en dehors des repas. Le patron joue quelquefois au domino, avec ses ouvriers, l'eau-de-vie qu'il fournit lui-même. L'heure du règlement arrivée, les ouvriers s'adressent au juge de paix, et les patrons produisent des registres fort bien tenus, où l'eau-de-vie est transformée en acomptes versés en argent ou en fournitures de première nécessité.

A Bretteville-sur-Laize, les hommes et les jeunes gens, à partir de quinze ans, boivent en moyenne deux litres d'eau de-vie chacun par semaine. Les cultivateurs et beaucoup d'industriels boivent autant que leurs ouvriers. Les femmes ne boivent pas moins que les hommes.

Dans l'arrondissement de Bayeux, les hommes boivent deux et trois décilitres d'eau-de-vie par jour. Un certain nombre de femmes, surtout parmi celles qui habitent le bord de la mer, en consomment autant, souvent encore plus.

A Cambremer, on cite des buveurs qui absorbent dans un jour jusqu'à 1 litre d'eau-de-vie à 55 degrés. On peut compter en moyenne 1 litre d'eau-de-vie par semaine pour les hommes, quatre décilitres pour les femmes et les jeunes gens.

A Clécy, on estime que chaque personne adulte boit en moyenne 1 litre d'eau-de-vie par semaine. Les femmes boivent autant que les hommes, peut-être plus. On cite le cas de deux jeunes ouvrières buvant en quelques heures 1 litre 7 décilitres d'eau-de-vie ; et on ajoute que ce ne sont pas là des cas isolés.

Les enfants qui prennent leur repas de midi à l'école, apportent quelquefois dans leur panier aux provisions une bouteille de café à l'eau-de-vie. Quant à ceux qui prennent leur repas chez les aubergistes du bourg, la plupart boivent du café à l'eau-de-vie qui leur est servi sur l'ordre des parents. Il n'est pas rare de voir des enfants arriver ivres à l'école.

A Evrecy, chaque personne boit en moyenne 1 litre d'eau-de-de vie par semaine.

Dans le canton de Douvres, les hommes qui boivent, et ils sont nombreux, consomment jusqu'à 4 litres d'eau-de-vie par semaine. Les femmes et les jeunes gens qui se livrent à la boisson en consomment presque autant

Dans cette triste et fastidieuse énumération, il n'est question que de la consommation de l'eau-de-vie. Il faudrait y joindre l'absinthe et les apéritifs variés, dont on absorbe de grandes quantités dans les campagnes comme dans les villes de Normandie.

Notons cependant que, depuis le vote de la loi du 29 décembre 1900, qui a dégrevé les boissons hygiéniques, le vin, le cidre et la bière, qui a surtaxé l'alcool et les licences des débitants, il semble qu'une certaine amélioration se soit produite. La consommation de l'alcool a fléchi au profit du vin. C'est ce qui résulte des renseignements que M. le Directeur des contributions indirectes du Calvados a bien voulu me fournir.

En 1900, avant l'application de la nouvelle législation fiscale, les quantités d'alcool imposées atteignaient 37,822 hectolitres dans le département du Calvados. En 1901, elles s'abaissent à 32,569 hectolitres et en 1902 à 28,147 hectolitres.

La substitution de la consommation du vin à celle de l'alcool apparaît surtout dans les villes. Grâce à la suppression des droits de détail, d'entrée et de la taxe unique qui frappaient le vin, grâce aussi à l'abondance extraordinaire des dernières récoltes, le prix de cette boisson hygiénique, considérée jusqu'alors comme une boisson de luxe, a été mis à la portée des ouvriers. Des établissements de détail ont été installés et exploités par les récoltants eux-mêmes, qui ont débité le vin à 0 fr. 30 ou 0 fr. 35 le litre. Le commerce local a suivi les mêmes errements et a diminué ses prix. La clientèle ouvrière a profité de ces avantages dans une large mesure ; elle a délaissé quelque peu *le sou de café* mélangé de deux tiers d'eau-de-vie, dont elle faisait un usage à peu près exclusif, en faveur d'une boisson qui lui a paru plus agréable, plus reconstituante que le cidre et moins coûteuse que les vins de liqueur ou d'imitation qualifiés d'apéritifs.

C'est ainsi que d'après la Régie, la consommation du vin, qui était de 44,661 hectolitres dans le département du Calvados, en 1900, s'est élevée à 95,222 hectolitres en 1901 et à 103,823 hectolitres en 1902. Un certain nombre d'instituteurs et de juges de paix, au cours de l'enquête poursuivie auprès d'eux, ont signalé cet état de choses en s'en félicitant et en souhaitant de le voir se maintenir et progresser. Ils y voient un moyen de combattre facilement le fléau de l'alcoolisme, sans heurter trop violemment les habitudes chères aux buveurs invétérés.

La Régie ajoute, il est vrai, que la consommation de l'alcool n'a fléchi depuis deux ans qu'en apparence et grâce au subterfuge employé par les débitants. Ceux-ci, pour compenser la perte résultant pour eux de l'augmentation de la taxe, auraient réduit sensiblement le degré des alcools mis en vente. Les eaux-de-vie qui, avant la loi du 29 décembre 1900, se débitaient couramment à 45 ou à 50 degrés seraient ramenées par le mouillage à 42 et même à 49 degrés. Si le moraliste ne peut approuver un tel procédé, l'hygiéniste peut s'en réjouir avec un malin plaisir.

Est-il nécessaire de passer en revue les effets désastreux de l'alcoolisme sur les populations de Normandie ?

On l'accuse, non sans raison, d'être une des causes les plus actives de la dépopulation de ce pays. Suivant l'énergique expression du doyen de la Faculté de médecine de Paris (1), il use, en quelque sorte, la race par les deux bouts, en augmentant la mortalité et en diminuant la natalité, ou en ne produisant que des dégénérés. N'est-ce pas parce que l'alcoolisme est de plus en plus répandu dans les cinq départements normands que la population y diminue graduellement.

Ce n'est pas que l'alcoolique soit fatalement stérile, dit M. Debove, mais ses enfants sont d'ordinaire des êtres inférieurs. Ceux-ci sont souvent eux-mêmes alcooliques, pris de bonne heure du besoin de boire ; quelques-uns sont atteints de débilité physique et intellectuelle ; leur taille est petite ; ces dégénérés sont souvent inintelligents, idiots même, fréquemment épileptiques. Il semble que cette race maudite porte le poids de la malédiction biblique, et qu'elle s'éteigne facilement après la troisième génération.

Quant à la mortalité, elle est beaucoup plus élevée chez les alcooliques que chez les autres sujets. Sur ce point, tous les médecins sont d'accord. On ne peut cependant dresser une statistique précise : le plus grand nombre des alcooliques ne meurt pas des suites directes de l'intoxication, mais le plus souvent de maladies diverses auxquelles la diminution de vitalité provenant de l'alcoolisme ne leur permet pas de résister.

On accuse encore l'alcoolisme de pousser ses victimes au suicide. Le docteur Leroy établit à l'aide de statistiques l'influence de l'intempérance sur le développement du suicide dans le département de l'Eure, et il démontre que la progression des suicides est parallèle à la progression de la consommation alcoolique. Il serait facile de faire la même démonstration pour la Seine-Inférieure, le Calvados, la Manche et l'Orne. Pendant la période de 1830 à 1871, alors que la moyenne

---

(1) *La Presse médicale*, 16 et 19 novembre 1898, *L'alcoolisme*, par M. le professeur Debove.

générale des suicides dans toute la France était de 11 pour
100.000 habitants, cette moyenne était de 18 pour la Seine-Inférieure, de 16 pour l'Eure, de 9 pour le Calvados, de 5 pour la
Manche et de 6 pour l'Orne. Mais, pendant la période de 1881 à
1900, alors que la moyenne générale des suicides s'élève à 22
pour 100.000 habitants dans toute la France, cette moyenne
s'élève jusqu'à 39 dans la Seine-Inférieure, 40 dans l'Eure, 22
dans le Calvados, 13 dans la Manche et 17 dans l'Orne. La marche
ascendante des suicides suit pas à pas la marche ascendante de
l'alcoolisme.

Tout le monde sait que l'alcoolisme prédispose à la folie, et que
les progrès de l'alcoolisme entraînent fatalement l'accroissement
des aliénés. L'ivresse n'est-elle pas une courte folie? L'homme
qui se livre à l'intempérance journalière arrive, tôt ou tard,
selon son degré de résistance, au délire ou à l'abrutissement
intellectuel.

Le docteur Leroy a prouvé, à l'aide de tableaux statistiques,
que l'augmentation du nombre des aliénés de l'Eure était due,
sans aucun doute, à l'alcoolisme. D'après lui, le chiffre des vésa-
nies proprement dites a plutôt une tendance à diminuer, tandis
que celui des alcooliques et des dégénérés de toute nature se
multiplie dans des proportions effrayantes. Il ajoute que la physionomie de l'asile d'Evreux a complètement changé depuis
vingt-cinq ans. Les grands délirants, les agités ont disparu,
remplacés par les débiles. La moyenne de l'intelligence des
malades qui entrent chaque année diminue de plus en plus, et
cet abaissement du niveau mental mérite d'être mis en relief. Le
docteur Leroy attribue cette dégénérescence à l'alcoolisme qui,
en intoxiquant les procréateurs, multiplie le nombre des
familles tarées et abâtardit la race.

M. le sénateur Claude (des Vosges), dans son rapport devenu
classique, a tiré les mêmes conclusions des tableaux de statistique relatifs aux asiles départementaux. Les asiles de l'Eure,
de l'Orne et de la Seine-Inférieure (Quatre-Mares et Saint-Yon)
sont seuls visés dans le rapport de la commission sénatoriale.
On arriverait sans doute au même résultat en dressant des statistiques pour les aliénés admis dans les asiles du Bon-Sauveur
de Caen, du Bon-Sauveur de Pont-Labbé-Picauville, de Saint-Lô
et de Pontorson. Tous les documents, toutes les statistiques

s'accordent pour proclamer la progression des cas de folie alcoolique. Il est inutile d'aller au delà et de dresser de nouveaux tableaux de statistique, d'autant plus que ces tableaux ne peuvent être tout à fait exacts. Aux malades admis dans les asiles publics d'aliénés, il faudrait joindre ceux qui sont admis dans les asiles privés, et aussi ceux qui sont soignés chez eux.

Comme le fait observer M. Debove, en prenant les chiffres des établissements d'aliénés, publics ou privés, on n'a qu'une faible idée des troubles mentaux produits par l'alcoolisme. En effet, combien d'alcooliques présentent des troubles mentaux sans être pour cela enfermés dans un asile ; combien d'individus sont devenus, sous l'influence de l'alcool, brutaux, querelleurs, colères, malfaisants, même à l'égard de leurs femmes et de leurs enfants, qui sont déjà aliénés, mais pas au degré qui rendrait leur internement obligatoire. Pour un aliéné véritable, combien d'alcooliques sur le seuil de l'aliénation mentale vaquent en liberté et ne sont pas compris dans les statistiques.

Nous voyons tous les jours, dit encore M. Debove, des individus auxquels l'alcool, sans les mener à la folie, a fait subir une profonde déchéance mentale. Certes, il ne suffit pas de boire de l'eau pour être un homme intelligent ; mais une intelligence supérieure, un homme de génie même — les exemples seraient faciles à citer — pourra perdre, sous l'influence de l'alcool, toutes les qualités dont la nature l'avait doué.

L'alcoolisme ne mène pas seulement à la folie, il mène aussi au crime. C'est ce qui explique la criminalité élevée des départements de Normandie ; elle est en raison directe de la quantité d'alcool qu'on y consomme. Bien des condamnations pour meurtres, coups et blessures s'appliquent à des actes commis en sortant du cabaret.

On peut dire, en résumé, que l'alcoolisme atteint les forces vives de la Normandie et justifie l'opinion bien connue de Gladstone : « L'alcool fait de nos jours plus de ravages que les trois maux historiques : la famine, la peste et la guerre. Plus que la famine et la peste, il décime ; plus que la guerre, il tue ; il fait plus, il déshonore. »

Peut-on opposer quelques remèdes efficaces à ce fléau, dont on connaît la gravité et l'intensité ?

7

On a eu déjà recours à des moyens répressifs et à des moyens de persuasion, qui n'ont donné jusqu'ici aucun résultat appréciable.

La loi du 23 janvier 1873 punit « d'une amende de 1 à 5 francs inclusivement ceux qui seront trouvés en état d'ivresse manifeste dans les rues, chemins, places, cafés et cabarets ou autres lieux publics ». En cas de récidive dans les 12 mois, dans le ressort du tribunal qui a prononcé la première condamnation, le contrevenant est puni de trois jours de prison. En cas de nouvelle récidive dans les 12 mois ayant suivi la seconde condamnation, l'inculpé est traduit devant le tribunal de police correctionnelle et puni d'un emprisonnement de six jours à un mois, et d'une amende de 16 francs à 300 francs. Une seconde condamnation en police correctionnelle en moins d'un an expose le délinquant à se voir doubler ces peines « et à être déclaré incapable d'exercer les droits suivants : 1º de vote et d'élection, 2º d'éligibilité, 3º d'être appelé ou nommé aux fonctions de juré ou aux autres fonctions publiques ou aux emplois de l'administration, ou d'exercer ces fonctions ou emplois, 4º de port d'armes pendant deux ans à partir du jour où la condamnation sera devenue irrévocable ».

On a reproché, non sans raison, à cette loi la complication du mécanisme des récidives de simple police et la faiblesse des peines. Peut-être conviendrait-il, comme l'a proposé M. Rau dans une audience de rentrée de la Cour de cassation (1), de transformer tout fait d'ivresse en un délit justiciable des tribunaux correctionnels, qui auraient toujours la faculté, par le jeu de l'article 463, de ne prononcer que des peines de simple police. La durée de l'emprisonnement serait élevée par les récidives, qui demeureraient susceptibles, comme dans la loi actuelle, d'entraîner la privation des droits civiques.

Si imparfaite qu'elle soit, la loi de 1873 aurait pu produire quelques bons effets. Mais elle a été appliquée avec une telle mollesse qu'on peut presque la considérer comme inexistante. La tolérance et l'inertie en sont arrivées à ce point, que le nombre des contraventions et des délits d'ivresse poursuivis va s'abaissant tous les ans. Les municipalités rurales se reposent

(1) *L'initiative privée et la loi en face de l'alcoolisme*, 1895.

sur les gardes champêtres du soin de constater les contraventions par des procès-verbaux ; et ceux-ci ne se soucient guère de poursuivre un délit, dont la gravité leur apparaît d'autant moins qu'ils s'en rendent eux-mêmes trop souvent coupables. Il en est à peu près de même dans les villes, où les agents de police laissent errer les ivrognes dans les rues avec une rare indulgence, pourvu qu'ils ne soient pas trop bruyants et ne provoquent aucun attroupement. Les uns et les autres peuvent d'ailleurs alléguer comme excuse que, s'ils appliquaient rigoureusement les dispositions de la loi sur l'ivresse, il faudrait doubler et tripler le nombre des agents chargés de dresser des procès-verbaux.

On applique moins encore les articles 4 à 6 de la loi de 1873 qui prononcent diverses peines contre les cabaretiers qui ont donné à boire à des gens ivres ou à des mineurs, ou qui les ont simplement reçus dans leurs établissements.

C'est ainsi que, dans le département de l'Eure, dans une période de dix ans, de 1891 à 1900, on n'a poursuivi qu'une moyenne de 12 délits correctionnels par an pour ivresse et une moyenne de 4 délits contre les cabaretiers.

Dans la Seine-Inférieure, pendant la même période, on a poursuivi une moyenne de 354 délits correctionnels par an pour ivresse et une moyenne de 6 délits contre les cabaretiers.

Les moyennes ont été de 74 et de 5 dans le Calvados, de 12 et de 2 dans l'Orne, de 72 et de 6 dans la Manche. D'après ce que l'on sait de la progression de la consommation de l'alcool en Normandie, on peut affirmer que les infractions sont innombrables et que l'inertie des agents de répression va s'accentuant toutes les années.

Il convient d'appliquer avec plus de rigueur les dispositions de la loi de 1873, d'édicter une nouvelle loi sollicitée depuis longtemps par les Conseils généraux afin d'opérer la diminution graduelle des débits et cabarets et de supprimer d'une manière absolue le privilège des bouilleurs de cru, sans laisser subsister la moindre tolérance. Pour compléter cet ensemble de mesures, on peut assimiler les dettes de cabaret aux dettes de jeu, par un retour aux principes de notre ancien droit.

Il ne faut pas cependant se faire d'illusion. Les moyens répressifs que l'on pourra mettre en œuvre ne seront guère efficaces tant que l'opinion publique n'en réclamera pas et n'en secondera pas elle-même l'énergique exécution. Et, à cette heure, rien ne permet de pressentir un prochain mouvement de l'esprit public dans le sens désiré.

Longtemps encore l'alcool sera une puissance trop redoutable pour qu'on puisse l'attaquer en face. Les distillateurs et les bouilleurs de cru, les marchands de vin et les débitants ont une influence néfaste sur leur nombreuse clientèle. M. Jules Rochard l'a dit avec beaucoup d'éloquence : « Tout ce monde-là est à la dévotion de l'alcool, les uns parce qu'ils en vivent et les autres parce qu'ils en meurent. Cette hiérarchie professionnelle tient le pays enlacé dans les mailles d'un réseau d'intérêts inavouables et par conséquent sans pitié. Lorsque la nation est appelée à choisir ses représentants, l'alcool est le grand électeur impartial qui coule pour tous les partis..... Avec un pareil adversaire, la lutte n'est pas égale, car le temps n'est pas à la répression, il est tout à l'indulgence. La France, qui a toujours pris l'initiative des expériences sociales et qui en a fait tous les frais, en poursuit une en ce moment qui doit vivement intéresser ceux qui y assistent de loin. Elle fait l'essai loyal de l'impunité. Elle semble s'être donné pour mission de rechercher jusqu'à quel point la liberté de tout dire et de tout faire est compatible avec l'ordre matériel........ On se fatiguera à la longue des méfaits et des scandales des alcooliques, et je ne serais pas surpris de voir l'opinion publique triompher, dans quelques années, de cette tyrannie que nous imposent aujourd'hui les gens qui fabriquent l'alcool, ceux qui le débitent et ceux qui le boivent. » (1)

Les adversaires de l'alcoolisme ont bien compris qu'ils devaient commencer par créer un courant d'opinion, et des citoyens de bonne volonté se sont groupés pour un effort commun dans des sociétés de tempérance et des ligues contre l'alcoolisme. La Normandie n'est pas restée en arrière de ce mouvement : des ligues antialcooliques ont été fondées au Havre, à Rouen et à Caen.

L'Etat, de son côté, est intervenu et a institué dans les écoles publiques un enseignement antialcoolique. Tous les instituteurs ont répondu avec empressement à l'appel qui leur a été adressé;

(1) L'alcool, par Jules Rochard, Revue des Deux-Mondes, 1886, p. 900.

et beaucoup ont réussi, sur divers points de la Normandie, à créer des sociétés de tempérance scolaires, des ligues contre l'abus des boissons spiritueuses. Mais il faut avouer, quelque regret qu'on en puisse avoir, que cet enseignement n'a guère fait de conversions parmi les jeunes gens et n'est pas encore parvenu à préserver les enfants du fléau maudit.

M. l'Inspecteur d'Académie de la Manche a fait cet aveu dans des termes qu'on peut appliquer aux cinq départements de Normandie, puisqu'ils sont dans la même situation. M. Deries fait parler un bon paysan qui commente au cabaret une conférence antialcoolique faite par l'instituteur du village : « Voilà certes, un *Mossieu qui prêche bi* ; mais il a beau *bi prêchi*, il ne fera pas que le père un tel, le plus grand buveur de *toute bonne* de la paroisse, n'ait quatre-vingts ans sonnés, qu'il ne soit droit comme un I et qu'il ne se porte comme le Pont-Neuf. Tous les jours, en se levant, il vous *siffle* son décilitre. Au déjeuner, il en fait autant, sans parler de tous les petits verres qu'il vide çà et là à la santé des amis. Quand il se couche, il a un grand demi-litre dans l'estomac. La tête est solide, les jambes le sont aussi. *Nof'e maître d'école* fait son métier, c'est fort bien à lui. Il est payé pour le faire par le gouvernement. Mais n'empêche que tout cela est une leçon apprise.... Allons les amis ! Encore une tournée ! Eh ! la patronne ! Les tasses sont vides et la carafe aussi ! Apportez-nous de la bonne, de la toute bonne, vous savez bien, de celle de derrière les fagots que ne connaît pas la Régie ! Et à la santé de monsieur l'Instituteur. Vive la *blanche* et la Normandie ! »

Ces épisodes se renouvellent trop souvent. Les conférences populaires ont beau succéder aux conférences populaires, les cours d'adultes aux cours d'adultes, il ne se boit peut-être pas deux hectolitres d'alcool de moins dans toute l'étendue de la Normandie.

Sans doute, l'instituteur concentre tous ses efforts sur la génération nouvelle assise sur les bancs de l'école. C'est d'elle seule qu'il attend le salut. Mais comment empêcher la contradiction criante qui se dresse entre les leçons de l'école et les exemples du foyer domestique ? « A l'école, dit M. Deries, instituteurs et institutrices répètent à l'enfant chaque jour que l'alcool, même à petites doses, est un poison. Au foyer, pères et mères lui

affirment que c'est une liqueur bienfaisante donnant à tout
venant force et santé ! Le petit écolier et la petite écolière
reviennent de la classe. Avec la simplicité de leur âge, ils
redisent aux parents les paroles du maître ou de la maitresse.
Les tasses de café sont là sur la table. L'eau-de-vie est là à côté
des tasses. Gouailleur, le père éclate d'un franc et large éclat de
rire, d'un de ces éclats de rire retentissants qui secouent la
maison. Et le petit écolier, la petite écolière interdits ne savent
plus que répondre. Où est la vérité ? Où est le mensonge ? La
face largement épanouie, toute sa personne dilatée, le père rit
encore, il rit toujours. Sa main saisit le carafon ; il remplit la
tasse de l'enfant. Avale, mon gars ; c'est du bon. Et le gars avale.
Il avale aujourd'hui, il avalera demain, il avalera toujours. Plus
tard, à la même table de famille, vivante tradition, il criera aux
siens : Avalez, mes gars ; c'est du bon. »

La famille, dans les conditions actuelles de la vie normande,
détruit ce que l'école s'efforce de créer. Comment sortir d'une
situation aussi critique ? Il ne faut pas désespérer du bon sens
public. Il faut agir plus que jamais de manière à créer un grand
courant d'opinion et à relever les volontés qui fléchissent sous
le poids d'habitudes détestables. « La question de l'alcoolisme, dit
M. Duclaux, n'est pas une question particulière : elle est générale,
comme étant un des nombreux symptômes de l'avachissement
général des esprits et de l'affaiblissement des énergies. La nation
est malade de l'alcoolisme comme elle est malade de toutes les
conceptions sociales qui font croire que le salut est dans le
moindre effort. Tel un malade qui changerait de médecins, en
tâchant de trouver celui qui le laissera le plus tranquille. Il en
a le droit, lorsque sa maladie est une maladie incurable. De
même un pays a le droit de laisser le champ libre à ses endor-
meurs. Mais, s'il veut guérir, il faut qu'il le veuille activement,
et non d'une façon passive. » M. Duclaux conseille d'abandonner
à leur sort les alcooliques déclarés incurables, d'empêcher la
contagion en lui créant un terrain défavorable et, comme ici il
ne s'agit plus du terrain matériel, mais du terrain moral, d'armer
les volontés. Il fait observer avec raison que les pays dans
lesquels la lutte antialcoolique est la plus active sont en effet

1. *L'Hygiène sociale*, p. 315, Paris, Alcan, 1902.

des pays de volonté et de vie civique : la Suisse et surtout le canton de Vaud, les États du Nord de l'Union américaine, certaines provinces du Canada, la Suède et la Norvège, le Danemark, l'Angleterre.

Ce qui permet d'espérer, c'est que si l'opinion française semble réfractaire aux ligues antialcooliques et les raille parfois, elle s'intéresse en revanche aux tentatives faites pour améliorer les habitations ouvrières. Or, il existe un lien étroit entre ces deux questions sociales. Un logement sain, assez vaste, clair, aéré est le premier et un des meilleurs préservatifs contre les tentations de l'alcoolisme et les autres tentations du dehors, qui désorganisent et ruinent la famille. On peut donc agir sur les mœurs avec quelques chances de succès, en portant ses premiers efforts du côté des habitations à bon marché.

C'est à la valeur morale, à l'esprit de solidarité des nouvelles générations qu'il faut se confier. C'est à la jeunesse qu'il faut répéter l'appel pressant que lui adressait naguère M. Ferdinand Buisson (1). « La France est en train de descendre une pente dangereuse. Elle se détruit par l'alcool. Ce pays, qui longtemps, grâce à son bon vin peut-être, résista mieux que d'autres à l'empoisonnement brutal et perfide, est aujourd'hui le pays d'Europe où l'homme abuse le plus de l'alcool ; et parallèlement se développe sous nos yeux la statistique des cas de folie, de maladie et de suicide par alcoolisme et une autre statistique plus effrayante, celle des innombrables malheureux voués par leur naissance à la vie et à la mort qui attend les enfants d'alcooliques. Et nombre de gens d'esprit trouvent qu'il n'y a vraiment rien de plus ridicule que la manie puritaine des ligues antialcooliques imitées de l'Angleterre ou de la Norvège. Je souhaite que vous n'ayez pas tant d'esprit, que vous reconnaissiez la nécessité d'une lutte contre ce fléau, et que vous en preniez l'initiative. Quand vous serez convaincus et touchés, vous trouverez bien un moyen de toucher et de convaincre assez de vos concitoyens pour que ce quatrième pouvoir mette en mouvement les trois autres. Le jour viendra où vous serez une force, et ce jour-là, les députés parviendront à s'affranchir de la servitude du cabaretier »

2. *Morale sociale. Leçons professées au Collège libre des sciences sociales.* Paris, Alcan, 1899.

DESACIDIFIE à SABLE : 1934

www.ingramcontent.com/pod-product-compliance
Lightning Source LLC
Chambersburg PA
CBHW052055270326
41931CB00012B/2761